JN059523

図解

不祥事の
グローバル対応
がわかる本

［編］

プロアクト法律事務所
弁護士・公認不正検査士
竹内 朗／田中 伸英

太陽グラントソントン・アドバイザーズ株式会社
公認会計士・公認不正検査士　　公認内部監査人・公認リスク管理監査人
前村 浩介／中村 和裕

中央経済社

はじめに

　本書は，プロアクト法律事務所が2019年に発刊した『図解　不祥事の予防・発見・対応がわかる本』，2020年に発刊した『図解　不祥事の社内調査がわかる本』に続く第3弾として，グローバルなアカウンティング・ファームのグループに属する太陽グラントソントン・アドバイザーズ株式会社に所属するプロフェッショナルと共編著したものです。

　グローバル企業や上場会社で起きた大規模な不祥事が表面化し，企業価値を大きく毀損する事例が後を絶ちません。もはや企業にとって不祥事は，「あってはならないもの」と遠ざけるのではなく，「必ず起きるもの」と正面から向き合うことが必要です。

　そして，事業活動のグローバル化がこれだけ進展した現在では，日本企業の国内での事業活動が海外のステークホルダーに何らかの影響を与える，逆に日本企業の海外での事業活動が海外および国内のステークホルダーに何らかの影響を与える，ということが当たり前になっています。

　また，国内外のステークホルダーへの影響を推し測る際には，ESG（Environment，Social，Governance）やビジネスと人権の要素を考慮することも，現在では必要かつ当然になっています。

　そこで，本書の前半では，グローバルな事業活動において不祥事の予防・発見・対応はどうあるべきか，3ラインモデルのフレームワークなども交えて検討します。

　その際には，①資本関係のある子会社ないしグループ会社のリスク管理，②取引関係にあるサプライチェーンや資金調達を含むバリューチェーンのリスク管理，という2つの側面から検討を加えています。ビジネスと人権の主要課題として日本企業が対応を迫られている人権デューディリジェンスについても解

説しています。

　そして，本書の後半では，グローバルな事業活動において典型的に想定される不祥事の10類型を抽出し，それぞれの類型における最新情報と，対応の実務的な留意点を解説しています。

　見開き2頁で1テーマを扱い，左頁にテキスト解説，右頁に図解を盛り込むことにより，読者を活字の海にさまよわせることなく，ビジュアル的に要点を早分かりしていただけるように工夫したことも，前2冊から引き継いだ本書の特長の1つです。

　本書を読んでくださった企業の経営者や実務担当者，企業にアドバイスする専門家の方々が，グローバルな事業活動における不祥事リスクを適切にコントロールして，自信をもってグローバル事業を展開できるようになれば幸いです。

　最後に，本書の出版にあたり，中央経済社の石井直人氏には前2冊に引き続き多大なご尽力を賜りました。この場をお借りして厚く御礼申し上げます。

2024年3月

プロアクト法律事務所

弁護士・公認不正検査士　竹内　　朗

弁護士・公認不正検査士　田中　伸英

太陽グラントソントン・アドバイザーズ株式会社

公認会計士・公認不正検査士　前村　浩介

公認内部監査人・公認リスク管理監査人　中村　和裕

目　次

第1章 グローバルな不祥事
のリスク

「グローバル」な「不祥事」のリスクとは

■「グローバル」な「不祥事」とは

　本書において「不祥事」とは意図的な不正のみならず，企業価値を大きく毀損するような事象を広く捉えています。また，「グローバル」とは，不祥事の発生場所または対応する場所が海外であるケースのみならず，影響が及ぶ範囲が国境を越えるものも想定しています。たとえば，日本国内での品質不正が輸出先のステークホルダーに影響を及ぼすケース（発生場所は日本であるが影響が海外に及ぶ）や，日本企業の海外子会社で起きた会計不正により当該日本企業の有価証券報告書の訂正が必要となるケース（発生場所および主な対応場所は海外であるが影響が日本にも及ぶ）も取り扱っています。

■ESGによりグローバルな不祥事がさらに複雑化

　不祥事は有事や危機といわれるように，発生すると企業価値を大きく毀損するリスクがあります。さらに，グローバルな不祥事のリスクは，海外の法令や慣習などを考慮に入れる必要があり，日本国内の不祥事よりも複雑です。

　また，昨今では，ESGが注目され，企業グループは，環境や社会への影響をも考慮に入れることが求められています。これまでは，不祥事の予防・発見・対応は，自社や自社と資本関係のあるグループ会社で起きる不祥事を想定すれば十分でした。しかし，ESGへの関心の高まりにより，取引先等を含む企業のグローバルなサプライチェーンで起きる不祥事も想定しなければならなくなっています。取引先等で人権侵害や贈賄などが起きると，自社がそれを助長したと社会的に厳しく評価されるようになっています。ESGの要請は，グローバルな不祥事のリスクを一層，複雑化させているといえます。

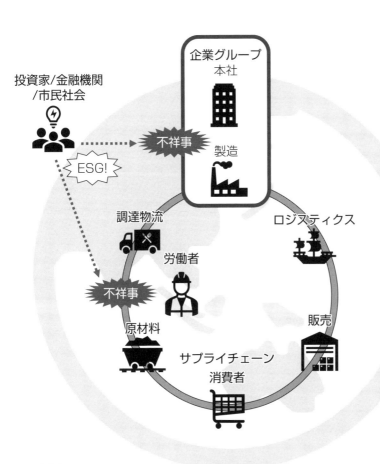

投資家/金融機関/市民社会

ESG!

不祥事

企業グループ
本社
製造

調達物流
ロジスティクス

労働者

不祥事

原材料
販売

サプライチェーン
消費者

不祥事

外国公務員贈賄	輸出管理・経済安全保障	国際カルテル
架空取引・キックバック	会計不正・有価証券報告書虚偽記載	サイバーセキュリティ
品質不正・検査データ偽装	輸出管理・経済安全保障	非財務情報開示の不正

海外グループ会社におけるグローバルな 不祥事のリスク

■氷山の一角

　海外子会社の不祥事は，グローバルに事業を展開する日本企業の悩みの種です。海外で生じた大規模な不祥事が企業価値を大きく毀損する事例もありますが，開示や報道がなされなくとも，企業に損失をもたらす大小さまざまな不祥事が，海外子会社で発生しています。

　会計不正に絞ると，日本公認会計士協会の調査では，2019年3月期から2023年3月期に会計不正の発覚の事実を公表した上場会社等171社の会計不正のうち，海外子会社で発生しているのは31社ですが，非開示とされる会計不正も散見されるのが実情といえます。

　近年は，内部通報制度の普及により，不正の発覚が増えているといわれており，会計不正に絞っても，2023年3月期は26％の発覚は内部通報によるもので，その他も内部統制自体が発覚の主要なルートになっています。海外においては内部通報制度や内部統制の整備ができていない日本企業も多いとみられていることから，表に出ている海外子会社の不祥事は，まさに氷山の一角にすぎないと考えられます。

■もぐら叩き

　グループ内の海外子会社の1つ以上で何らかの不祥事が発生している場合，不祥事に対する対策が海外子会社に共通して欠けている可能性があります。大小さまざまな規模の不正や法令違反などが起き，「もぐら叩き」に近いような状態になっている企業もあるのではないでしょうか。

　詳細は後述しますが，海外子会社の拠点長は営業や工場の出身者で，不祥事対策の知見に乏しいことや，グループ本社が海外子会社に対するグループガバナンスの必要な取組みができていないことが，背景にあると考えられます。

　海外子会社の不祥事は，言語・法規制・文化・慣習の違いにより，国内子会社の不祥事よりも，対応に手間を要することが通常といえます。たとえ小さな不正であっても対応は必要であり，不正の財務的な損失に加え，調査のコストやマンパワーの機会損失も生じます。貴重な人的リソースが『もぐら叩き』に大切な時間を奪われることがないよう，本業の事業に集中できるよう，適切な対策が求められます。

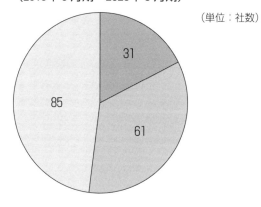

〈会計不正の発生場所〉

（2019年３月期〜2023年３月期）

（単位：社数）

- ■ 海外子会社　□ 国内子会社　□ 自社

注：本社と子会社で発生したものは，それぞれカウントしており，合計は171社と一致しない。

〈海外子会社の最近の会計不正の事例〉

公　表	事　案　の　概　要
2023年３月期	Ａ社ではジョイントベンチャーであるＸ社の従業員の親族が営む現地企業であるＹ社との取引において，Ｙ社が不当な利益を得ており，Ａ社において逸失利益が生じている可能性があることが判明した。
2022年３月期	Ａ社の連結子会社である中国子会社において，現地責任者の主導により，中国子会社と現地コンサルタント会社との間で，架空のコンサルタント契約が締結され，子会社が現地コンサルタント会社に対して支払ったコンサルタント費用の一部が本件現地責任者に還流されていたことが確認された。
2021年３月期	海外に事業展開をしているＡ社が数年前に完全子会社化した米国子会社において，経営幹部が利害関係のある企業と不適切な取引を行っていたことが発覚した。
2020年３月期	海外に事業展開をしているＡ社において，Ａ社から輸出代行業務を行う商社を経由してECサイト運営会社に販売する取引の一部について，取り消すべき売上が計上されていることが発覚した。
2019年３月期	製造業を営むＡ社の製造子会社Ｂ社において，Ｂ社の社長丙氏は，原価計算の計算要素となる数値を意図的に改竄し，当月完成品の製造原価に配賦される金額を減少させ，期末在庫に配賦される金額を増加させることで，Ｉ社の決算数値が目標値を達成できるように操作していた。

（出所）日本公認会計士協会「上場会社等における会計不正の動向」各年版を基に筆者作成

03 海外サプライチェーンにおけるグローバルな不祥事のリスク

　昨今の複雑化した世界情勢においては，グローバルにサプライチェーンを構築している企業におけるサプライチェーンに潜むリスクは，枚挙に暇がありません。特にESG関連の不祥事のリスクはサプライチェーン上で顕在化しています。近年ではたとえば以下の事例が世界的にも話題になりました。

■ネスレの事例

　2010年3月，国際的な環境保護団体は，世界的な食品メーカーであるNestlé S.A.（以下「ネスレ」といいます）にパーム油を供給している企業がアブラヤシの大規模プランテーション開発で，インドネシア・ボルネオ島のオランウータンの生息地を破壊しているとして，ネスレ製品の不買運動を展開しました。アブラヤシの生産については，労働者や子どもの人権侵害も生んでおり，NGOが公開したキャンペーンビデオは約2カ月で約150万回再生され，ネスレは世界中の消費者から30万通を超えるクレームを受けることになりました。

■ファーストリテイリングの事例

　2021年，株式会社ファーストリテイリング（以下「ファーストリテイリング」といいます）の衣料品ブランドであるユニクロの製品の一部に，新疆ウイグル自治区産の綿製品が使用されている疑いがあるとして，米国当局により同製品の米国への輸入が差し止められました。

　ファーストリテイリングによるウイグル問題は，同社が，中国当局による強制労働などの人権侵害が指摘されている新疆ウイグル自治区産の綿製品を使用しているという疑いから始まり，フランス当局によるグループ会社の捜査や同社製品の米国での輸入差止措置，ひいては不買運動にまでつながりました。

　グローバルなサプライチェーンにおいて生じる問題は，遠い外国での予想だにしなかったことであっても，SNSなどが浸透した情報化社会の現代では，瞬く間に情報が拡散され，顧客離れを招くなど，積み重ねてきた企業のブランドが失墜するリスクを生じさせます。こうしたリスクを管理し，サステナブル・サプライチェーンを目指すためには，資本関係でつながる海外子会社とは異なり，取引関係のみでつながる相手には，異なるアプローチの対策が求められます。

▲環境汚染
▲過酷労働，労使紛争
▲品質不正，データ改ざん
▲談合カルテル
▲輸出管理規制　等

完成品生産者　労働者

▲環境汚染
▲過酷労働，労使紛争
▲品質不正，データ改ざん
▲談合カルテル
▲贈収賄　等

一次生産者　労働者

本社

小売店・代理店

労働者　原材料

▲不当表示　不当勧誘
▲個人情報漏えい　等

▲環境破壊，資源枯渇
▲自然災害，疫病による供給分断
▲政変，戦争による供給分断　等

消費者

▲健康被害，消費者被害　等

ファイナンスにおけるESG意識の高まり

■ESGを意識した投資

　ESGとは，環境（Environment），社会（Social），ガバナンス（Governance）の頭文字を組み合わせた用語です。2006年に国連の責任投資原則（PRI）において投資分析と意思決定のプロセスにESGの視点を組み入れることなどが提唱されて以来，世界の多くの機関投資家から賛同を得ています。

　機関投資家は，一般的に，企業の成長の可能性を機会と捉え，企業が直面するリスクを踏まえて投資を行います。ESG投資においても，企業のESG課題に対する機会とリスクを評価して，投資を行うか否かを決定します。評価においては，企業のESG課題に対する取組みの開示やCDP等のESG評価機関による分析・評価等を参考にするほか，経営者等との対話から必要な情報を入手します。

■株主としてESGの取組みを求める

　NGOや投資ファンドは企業の株主として，株主総会でESG関連の株主提案を提出し，ESG課題に対する取組みを求めており，特に気候変動対策の強化を求める提案は増えています。最近は大手機関投資家も賛成票を投じたり，自ら提案を提出したりしています。

　また，議決権行使助言会社は，ESGを意識した株主の議決権行使を促すことを掲げています。米国のGLASS LEWISは助言基準で，環境・社会リスクに対する不適切な管理体制等があった場合には，その企業の環境・社会リスクに責任があると判断した役員の選任議案に反対推奨をするとしています。

■ESGを意識した融資

　銀行をはじめ金融機関の融資においてもESGの視点が意識されています。

　金融機関のなかには融資の際の契約条項にESG条項を入れ込むことも一般化してきています。ESG条項を入れ込むことによって，金融機関が求めるESGへの取組みを企業に対して促すのみならず，金融機関としてもESGに取り組む姿勢を広く社会に宣言することができます。企業のESGへの取組みが求める水準に達していない場合に，金融機関として契約を解除するための条項として発動する機能もあります。

〈ESG条項の具体例〉

第1項	甲は，ESG（環境・社会・ガバナンス）課題に対応するために以下の事項を表明確約する。（表明確約条項） （1）　個別・特有の表明確約内容 　（ESG融資基準に関する融資先企業の適合性審査の結果，特にESGに関連してリスクが高い分野に関して具体的に表明確約内容を規定） （2）　一般的・包括的な表明確約内容 　甲は，乙が提示するESG融資基準を現在及び将来にわたって遵守し，次の各号に該当する行為をいずれも行っていないことを表明し，かつ将来にわたっても行わないことを確約する。 ①その事業において適用される全ての法令（各国の腐敗防止及び贈収賄防止等に関する法令並びに環境，労働，安全及び衛生に関する法令を含む。）に抵触する行為 ②自社の従業員及びステークホルダーの人権を侵害し，又は不当に差別的に取り扱う行為 ③児童労働，強制労働，従業員の健康を害する時間・形態・環境による過酷な労働，外国人労働者の不法就労等の違法ないし不当な採用及び解雇 ④戦争，テロリスト活動等の助長，促進 ⑤地球環境に負荷を与え，又は著しく環境を害する活動 ⑥前各号に準じてESG（環境・社会・ガバナンス）に著しい悪影響を与える一切の行為
第2項	甲及び乙は，前項における表明確約が本件融資実行の前提条件であることを認識・理解し，乙はこの趣旨に反する取引を実行することはできないことを確認する。（取引禁止宣言条項）
第3項	甲は，第1項における表明確約事項につき，その親会社，子会社を含む関係会社，グループ会社等（以下「関連会社等」という。）にも遵守させるものとする。（関連先条項）
第4項	甲は，甲又は関連会社等において第1項の違反が認められた場合，直ちに乙に対してその事実を報告するものとする。その場合において，乙は甲に対し，違反事項や遵守状況等に関する対話・意見交換等を申し入れることができ，甲は，これに全面的に協力するものとする。（報告・協調義務条項）
第5項	乙は，甲に第1項の違反が認められた場合，甲に対し，相当期間（以下「是正計画期間」という。）内に当該違反の原因究明及びその是正のための計画等を定めた報告書の提出を求めることができる。（是正措置の要求条項）
第6項	乙は，前項の是正措置の要求にもかかわらず，是正計画期間経過後も，甲に第1項の違反がなお認められる場合，請求により，第●条に定める債務その他一切の乙に対する債務の期限の利益を喪失させ，直ちに弁済させることができる。（期限の利益喪失条項）

（出所）ESG／SDGs法務研究会編『日弁連ESGガイダンスの解説とSDGs時代の実務対応』（商事法務，2019年）

〈環境・社会リスクに関する議決権行使助言会社の基準〉

企業が株主価値を損なうような環境・社会リスクに対する不適切な管理・監督状況，またはリスク軽減に対して適切な対応を怠っていたことが明らかであり，そのような誤った管理体制が株主価値を脅かす場合，グラス・ルイスは，環境・社会リスクの管理・監督責任があると判断した役員に対して反対助言を行う。環境・社会リスクに対する明確な取締役会の管理体制が構築されていない場合，<u>弊社が責任があると判断した役員に対して反対助言を行う。</u>ただし，グラス・ルイスがそのような助言判断をする際には，株主価値への影響，そして，企業による是正措置や，その他の対応内容等を慎重に精査し，最終的な助言判断をする。

（出所）GLASS LEWIS「2023 Policy Guidelines」（Japan）より抜粋
＊下線部は筆者作成

ESG課題にまつわる不祥事

■企業が直面するESG課題

ESG課題は企業により異なりますが，環境であれば，炭素排出量，有害排出物，包装材・廃棄物，社会であれば，労務管理，健康と安全，サプライチェーンの労働基準，製品の安全性，プライバシーとデータセキュリティ，ガバナンスであれば，企業倫理，会計，支払，税の透明性などの課題が，ESG評価機関によって提示されています。ガバナンスは企業にとって長年の課題ですが，環境や社会に関する課題は企業に新たな対応を迫っています。

■ESG課題にまつわる不祥事

ESG課題に関するリスクには，顕在化すると不祥事として認識され得るものが含まれます。ESGへの社会的な関心の高まりは，ESG関連の不祥事に対する社会的な厳しい評価につながり，企業は無視できない影響を受けることになります。

また，ESG課題への関心の高まりを背景として，企業が対策をとるべきリスクや不祥事の範囲も広がっています。ESG課題はサプライチェーン上で生じることも多く，企業はそうした課題に対策をとることも求められます。

ESGに対する関心は海外先行で高まってきた経緯があり，ESG関連の不祥事は海外でより大きな影響を生じさせる可能性があります。

■不祥事の大きな代償

たとえば，綿100％の衣類を消費者に販売する小売業者において，原材料の調達先である海外企業が森林破壊を行っている（Environment），児童労働をさせている（Social），その国の公務員に賄賂を支払っている（Governance）といったケースを想定します。小売業者がこれらの事実を知りながら放置して取引を継続すれば，これらの状態を助長したと見られ，メディアやSNSでバッシングを受けたり，消費者の不買運動が起きたりして，サプライチェーンから除外される可能性があります。また，反ESGの行動をとっていることを知りながらその企業に投融資を行うと，反ESGの行動を助長したと見られ，自社の社会的責任を問われることになるため，機関投資家や金融機関は，このような企業への投融資を控えます。こうした事例は全くの架空の話ではなく，実際の話です。

〈ESG評価機関MSCI（モルガン・スタンレー・キャピタル・インターナショナル）のESG重要課題〉

3本の柱	10のテーマ	ESGの重要課題
環境	気候変動	• 炭素排出量 • 製品のカーボンフットポイント • 気候変動への脆弱性 • 環境インパクト融資
	自然資本	• 水ストレス • 生物多様性と土地利用 • 原材料調達
	汚染と廃棄物	• 有害排出物 • 包装材と廃棄物 • 家電廃棄物
	環境の機会	• クリーンテック • グリーンビルディング • 再生可能エネルギー
社会	人的資本	• 労務管理 • 健康と安全 • 人的資本の開発 • サプライチェーンの労働基準
	製造物責任	• 製品の安全と品質 • 消費者の金融保護 • プライバシーとデータセキュリティ • 責任ある投資 • 化学品の安全
	ステークホルダーの反対	• 物議を醸す調達 • 地域社会との関係
	社会の機会	• 金融へのアクセス • ヘルスケアへのアクセス • 栄養と健康における機会
ガバナンス	コーポレートガバナンス	• 取締役会 • 支払 • オーナーシップ • 会計
	企業行動	• 企業倫理 • 税の透明性

第2章 グローバルな不祥事への対応

グローバルな不祥事対応の考え方

■不祥事対応の方法：3つの局面

　会社が不祥事へ適切に対応するには，不祥事が発生するまでの「予防」，不祥事が発生してから発見するまでの「発見」，不祥事を発見してからの「対応」という3つの局面で，どのような行動が求められるかを考えることが有効です。

　平時においては，不祥事を発生させないようにする「予防統制」と，発生した不祥事をいち早く見つける「発見統制」の仕組みを整え，着実に実行に移します。そして，不祥事を発見したら，被害を最小限にとどめる対応を行う「危機管理／有事対応」の仕組みを実行に移します。

■不祥事対応の体制：3つの防衛線

　不祥事に適切に対応する組織体制は，「3つの防衛線」の考え方に基づいて整えることが有効です。3つの防衛線は，IIA（The Institute of Internal Auditors，本部：米国）が，リスク管理の役割と責任を組織内に適切に割り当てるための考え方として提唱したもので，実務にも取り入れられている概念です。

　1線は販売や生産等の事業部門であり，事業活動に起因するリスクの発生源で，リスク管理の第一義的な責任を持ちます。2線はコンプライアンスやリスク管理等の管理部門であり，1線の自律的なリスク管理を支援する，または牽制する役割があります。3線は内部監査部門であり，独立した立場でリスク管理態勢を検証し，是正を要求し，改善を助言する役割があります。

　なお，3つの防衛線は，2020年に「防衛」の概念を外すなどした「3ラインモデル」に改訂されていますが，本書では便宜上，従来の3つの防衛線に基づいて論じています。

　グローバルに発生する不祥事に適切に対応するためには，グループ本社は，①海外グループ会社における不祥事，②海外サプライチェーンにおける不祥事について，それぞれ発生する場所が異なることを理解したうえで，グループ本社と海外子会社の連携により，予防統制，発見統制，危機管理の仕組みを整えることが求められます。

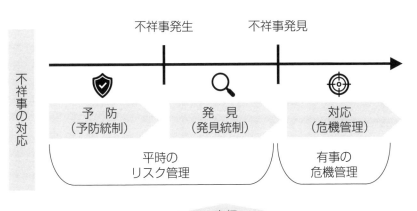

07　不祥事対応におけるESGの意識

■平時のESGリスク管理

　投資家・金融機関のESG関連リスクへの関心の高まりを踏まえ，企業は自社にとって重要なESG課題（マテリアリティ）を特定し，自社のESG課題に関するリスクと機会を分析・識別し，現状とのギャップを埋めるためのESG戦略を立案することが求められます。また，ESG戦略に，自社のESG課題の達成度を測定するための指標と目標（KPI）を含めることも求められます。重要なESG課題としてコンプライアンスや責任あるサプライチェーンの推進などを掲げ，重大な法令違反を0件にするなどのKPIを設け，高い優先度で取り組む企業もあります。

■平時の開示と説明

　企業は投資家・金融機関にESG情報を開示するにあたっては，自社のESG課題に関するリスクと機会だけでなく，それらに対する取組みとその結果をKPIを使って説明する必要があります。

　開示媒体としては，法定開示である有価証券報告書だけでなく，任意開示として統合報告書やサステナビリティ報告書の形式を用いることもできます。そうした開示によって，投資家や金融機関に対し自社のESGリスクに対する考えを理解してもらう必要があります。

　そのうえで，投資家や金融機関とのエンゲージメントを行う際に投資家らが関心を持っている点や不安視している点について聞き取り，その是正策について議論しておくことも必要でしょう。そこでの議論を踏まえて，マテリアリティについての考え方をより深め，対応を充実化させていくことが重要です。

■有事の開示と説明

　不祥事が発生した場合には，企業としてはその全貌を把握し，ステークホルダーに対し説明する責任があります。不祥事の事実を客観的に把握するという点では，社内で調査を行う必要があり，事案によっては第三者委員会を立ち上げて徹底的に調査をする必要があります。調査後にステークホルダーに対する説明を行う際には，平時にマテリアリティの特定を行ったり，投資家らとエンゲージメントを行った内容を生かしたりして，投資家らが特に不安視する部分を予測して丁寧に開示を行うことが必要不可欠になるでしょう。

投資家

| 自社にとって重要なESG課題は何か？ | ESG課題に関するリスクと機会は何か？ | どのようにして，現状とのギャップを埋めるか？ | ESGへの取組みを評価するための目標と指標は？ |

ESG課題の特定 → リスクと機会の分析 → ESG戦略の立案と実施 → ESG課題への取組みと結果の開示

企業がとるべき対応

自社に固有のESG課題を，全社的リスクマネジメント（ERM）の観点から特定する。

現状分析を行い，自社のESG課題に関する機会とリスクを特定する。

リスクと機会に対応するための戦略を立案し，中期経営計画に織り込む。

ESG課題への取組み結果をKPIを用いて開示する。

企業

08　不祥事を含むESG課題への対応の開示

■ESG課題に対する取組みの開示

　不祥事を含むESG課題に対する取組みを適切かつ積極的に開示することは，企業が自社をESG投資の対象としてもらう判断材料を提供するためにも重要な取組みです。ESG関連の取組み状況は，財務情報以外の企業の数値では測れない情報，すなわち非財務情報に含まれます。

　財務情報は，将来の企業価値を予測するために使われていましたが，財務情報だけでは将来の企業価値を予測することが十分ではなくなり，非財務情報の開示が求められるようになっています。

　非財務情報が正しく投資家に伝わらない限り，当該企業の本来の企業価値が評価されなくなってしまいます。企業としてESG課題に対する取組みをしていくことはもちろんですが，その活動状況を適切に開示することによって，投資家から正当な評価を得て投資を受けるということにつながるのです。

■非財務情報開示の動向

　2021年6月に改訂されたコーポレートガバナンス・コードでは，基本原則3において財務情報と非財務情報の適切な開示が求められるとともに，とりわけ非財務情報が，正確で利用者にとってわかりやすく，情報として有用性の高いものとなるようにすべきであるとされています。

　また，2023年1月31日に金融庁は，有価証券報告書および有価証券届出書（有価証券報告書等）の記載事項について，主に，「サステナビリティに関する企業の取組みの開示」と「コーポレートガバナンスに関する開示」を改正する「企業内容等の開示に関する内閣府令」等の改正を公表しました。有価証券報告書等において，「サステナビリティ情報」の記載欄の新設等が，2023年3月31日以後に終了する事業年度に係る有価証券報告書等から適用されています。

　グローバルにおいては2021年11月，非財務情報開示の充実化の一環で，IFRS財団が国際サステナビリティ基準審議会（ISSB）を設立しました。ISSBは，国際的な議論等を経て，2023年6月26日，最初のサステナビリティ開示基準として，IFRS S1号「サステナビリティ関連財務情報の開示に関する全般的要求事項」，IFRS S2号「気候関連開示」を公表しました。

〈サステナビリティ情報の「記載欄」における記載事項〉

有価証券報告書（主な項目）	サステナビリティに関する考え方及び取組
第一部　企業情報 　第1　企業の概況 　　● 従業員の状況等 　第2　事業の状況 　　● 経営方針，経営環境及び対処すべき課題等 　　● サステナビリティに関する考え方及び取組（新設） 　　● 事業等のリスク 　　● 経営者による財政状態，経営成績及びキャッシュ・フローの状況の分析等 　第3　設備の状況 　第4　提出会社の状況 　　● コーポレート・ガバナンスの状況等 　第5　経理の状況 　　● 連結財務諸表，財務諸表　等 　　　　　　　． 　　　　　　　．	（1）ガバナンス【全企業が開示】 サステナビリティ関連のリスク及び機会に対するガバナンス体制 （記載イメージ：取締役会や任意に設置した委員会等の体制や役割　等） （2）戦略【重要性を判断して開示】 サステナビリティ関連のリスク及び機会に対処する取組み （記載イメージ：企業が識別したリスク及び機会の項目とその対応策　等） 【全企業が開示】人的資本について，人材育成方針や社内環境整備方針 （3）リスク管理【全企業が開示】 サステナビリティ関連のリスク及び機会を識別・評価・管理するために用いるプロセス （記載イメージ：リスク及び機会の識別・評価方法や報告プロセス　等） （4）指標及び目標【重要性を判断して開示】 サステナビリティ関連のリスク及び機会の実績を評価・管理するために用いる情報 （記載イメージ：GHG排出量の削減目標と実績値　等） 【全企業が開示】人材育成方針や社内環境整備方針に関する指標の内容，当該指標による目標・実績 【全企業が開示】女性管理職比率，男性育児休業等取得率，男女間賃金格差については，「従業員の状況」で記載

（出所）金融庁「金融審議会ディスクロージャーWG報告（2022年6月）を踏まえた内閣府令改正の概要」

2－2　海外グループ会社におけるグローバルな不祥事への対応

 09　海外子会社の不祥事対応の課題

■一次的な対応責任は海外子会社

　海外子会社において発生する不祥事のリスクを管理する一次的な責任は，海外子会社自身にあります。海外子会社は日本の本社と資本関係はありますが，独立した法人として経営されます。海外子会社は自らの責任として，予防統制，発見統制，危機管理の体制を整え，実行していく必要があります。

　1つの会社において，リスクを監視し，有効なリスク管理を維持する最終的な責任は，会社の統治機関である取締役会にあります。取締役会の監督のもと，経営陣は1線，2線を指揮・監督し，リスク管理を実施します。また，取締役会の監督のもと，3線が機能します。

■海外子会社主体の対応の限界

　しかしながら，日系企業の多くの海外子会社のリスク管理体制の実態は，大きな規模でない限り，こうした理想には程遠い状況にあると考えられます。

　次のようなケースがしばしば見受けられます。本社が社長や経営陣として派遣する駐在員は，本社事業部の営業や工場の出身者で，不祥事の対応，内部統制などに知見・経験が乏しく，関心が薄いことがあります。取締役会は，こうした駐在員や本社事業部の兼任者により構成され，会社の統治機関として有効に機能していないこともあります。

　組織内の経営資源の配分としては，1線を偏重し，2線は手薄になりがちです。1線には複数の駐在員を管理職として派遣し，現地でも相応の従業員を雇用しますが，2線の駐在員は派遣されず，限られた人数の現地従業員に依拠することになります。現地従業員の知見・経験が乏しい，あるいは，手が回らない分野において，2線の機能は脆弱になります。3線の内部監査の機能は，存在すらしないことが多いといえます。

　こうした状況で，海外子会社だけに不祥事対応を委ねることには限界があります。海外子会社の取組みを指揮・監視し，必要に応じて補完・支援するグループ本社の取組みが必要になります。

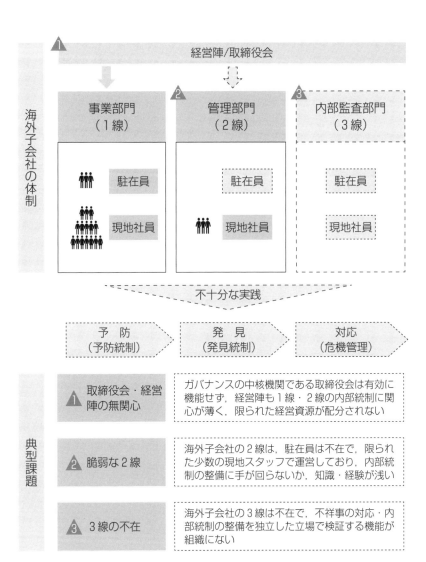

グループの海外不祥事対応

■グループを貫く3つの防衛線

　海外子会社の不祥事からグループの企業価値を守る責任は，最終的にはグループ本社，そしてその取締役会にあるといえます。グループ本社が主体となり，グローバル共通の不祥事の予防・発見・対応の取組みを進めるとともに，海外子会社内の取組みを指揮・監視することが重要となります。日本取引所自主規制法人が2019年11月に策定した「上場会社における不祥事予防のプリンシプル」においても，グループ全体にいきわたる実効的な経営管理を行うこと（原則5）の重要性が示されています。

　グループ本社の体制としては，海外子会社に対しても3つの防衛線を機能させることを意識します。特に，海外子会社で脆弱な2線，存在しない3線については，指揮・監視だけでなく，支援・補完が必要になることも多いといえます。本社の経理・財務，人事・労務，法務・コンプライアンス，情報システム・情報セキュリティ，リスク管理等の機能が，グループ共通の予防・発見・対応の取組みを実施するとともに，海外子会社内の2線の取組みを支援・補完します。そして，3線の機能を補完するため，海外子会社にグループ監査を実施します。こうした取組みは，買収先の海外子会社においても重要です。

■「放任」「無関心」からの脱却

　グループ本社の2線は「海外のことはわからない」「海外子会社のことは海外子会社の責任である」と考え，「放任」「無関心」になることが多くあります。しかしながら，グループ本社の監督・監視の責任はなくならず，「放任」「無関心」から脱却することが大切です。経済産業省が2019年に策定した「グループ・ガバナンス・システムに関する実務指針」は，親会社の取締役会は子会社の内部統制システムの構築・運用状況を監視・監督する義務を負うとの基本的な考え方を明示しています。

■リスクベース・アプローチ

　グループ本社の2線，3線のリソースは限定的で，特に海外対応できる人材は少なく，不祥事対応にすべての時間を費やすことはできません。重大な不祥事のリスクに対しては，リソースを投じて強固な統制を整備する一方，軽微なものにはリソースをあまり投じず，最低限の対応とするなど，「リスクベース・アプローチ」の考え方により限られた資源の最適配分を目指します。

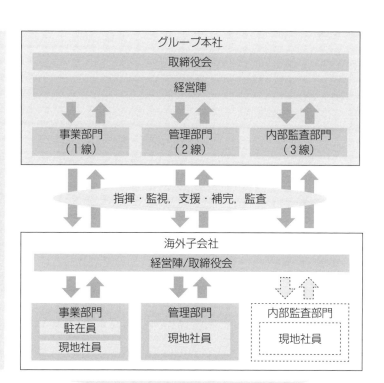

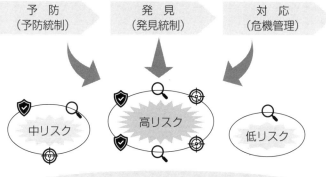

不祥事リスクの大きさに応じた管理

　海外子会社の予防統制の課題

■基本的な予防統制の欠如・欠陥

　海外子会社では不祥事を予防する基本的な統制が存在すらしていないことも往々にしてあります。

　代表的な予防統制として，上位者が取引の妥当性を確認して事前に承認し，牽制機能を働かせることがあります。たとえば，日常的な銀行預金の支払業務においては，インターネットバンキングの送金の入力者と別に承認者を設ける，銀行窓口対応の場合は振込依頼書の作成者と別に銀行届出印を押印する承認者を設けることがあります。これは，日本の本社では常識といえましょう。しかし，海外子会社の常識ではありません。ある上場企業の海外子会社では，管理部門の現地従業員が自ら振込依頼書を作成し，自ら銀行届出印を押印する手口により，会社の預金から自分の預金口座に，数年間数十回にわたり億単位の資金を不正送金し，横領していたといいます。

　統制が全くないとはいえないまでも，文書化されていないことも多いといえます。取引の承認が決裁権限表に明記されない場合，例外もしばしば認められるなど，不安定な運用になります。海外では離職も多く，属人的な統制は担当者の離職により運用されなくなります。

　人員体制からして基本的な予防統制が実施できないこともあります。たとえば，財務担当が記帳をすると不正出金を隠蔽する記帳ができるため，記帳担当とは職務を分掌すべきですが，人員がいないこともあります。それでも代わりの統制は必要です。

■無関心な経営陣，自ら不祥事を起こす経営陣

　統制の欠如や欠陥の背景をたどると，経営陣や管理職がリスク管理に対する自らの責任を自覚していないことにいきつきます。

　より深刻なのは，海外では長年在籍する経営者らに権力が集中し，予防統制を無効化することです。たとえば，社長が起案する取引は，上位者がいないとして社長自ら承認することもありますが，これが社長の関係先からの架空取引の請求書で，横領につながった事例もあります。一般的に経営者の内部統制の無効化は統制の限界といわれますが，海外子会社の経営者の上位者は本社におり，本社による予防統制に欠陥があったといえる状況が多いといえます。

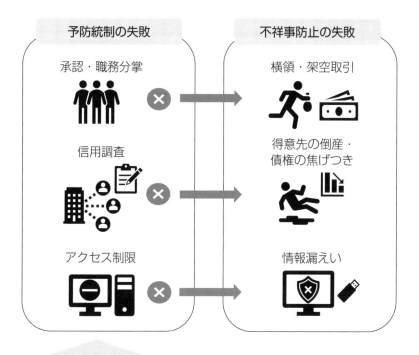

海外子会社の統制状況	統制の欠如	・経営陣・管理職が統制を確立する自らの責任を自覚していない ・経営陣・管理職にリスクの理解や統制の知見が乏しい ・属人的に行ってきた統制が，担当者の離職で実施されなくなる
	統制の不備	・リスクに比べて統制の強度が足りない ・統制のための人手が足りず，運用されない ・統制が文書化・周知徹底されておらず，不安定な運用になる
	統制の限界	・経営陣が統制を無効化する ・外部者と共謀する

グループの予防統制の実践

■グループ規程類の制定と予防統制の組込み

　海外子会社の不祥事を予防する取組みとして，グローバル企業のスタンダードともいえるのは，グループの行動規範（Code of Conduct）と方針・規程類の制定・周知徹底です。

　行動規範は，グループの役職員が日々の業務で従うべき規範を示したもので，包括的なものです。優れた海外や国内のグローバル企業の行動規範には共通の特性があります。社長らのメッセージとともに，会社の理念やビジョンに触れ，行動規範の重要性を説き，違反は懲戒処分になり得ることを示し，違反の通報を求めます。重要な不祥事のリスクのある分野を中心に，幅広い分野で規程類のエッセンスともいえる約束事を示します。

　グループ共通の方針・規程類では業務の基本原則を示すことに加え，海外の脆弱な体制を見越し，予防統制の手続・基準を直接定めることが有効です。特に，グループ本社による承認事項・手続を定めることは，適切に機能すれば，海外子会社に対する強力な予防統制となります。投資など経営上の重要な意思決定だけでなく，リスクの高い取引や業務を本社のしかるべき部署長が精査し，承認します。たとえば，販売・購買の新規取引の開始やコンプライアンス責任者の任命・解任などで本社承認が求められています。グループの規程類で海外子会社に予防統制の手続・基準を自ら定めるよう要求し，定めた手続をグループ本社で承認することもあります。このほか，グループ本社の指針で海外子会社の取締役会の承認権限を拡大し，現地で権限が集中する経営者を牽制することもあります。

■グループ規程類の教育・研修

　不祥事予防の教育・研修はすべての役職員に実施し，行動規範や方針・規程類を十分に解説することが有効です。グローバル企業は行動規範の教育・研修を工夫し，グループCEOが直接語る動画を配信したり，eラーニングや確認テストで海外受講率100％になるまで確認したり，行動規範を理解して従うことを従業員に毎年，誓約させたりしています。海外子会社の経営陣・管理職の不祥事対応の知識・経験や責任の自覚が乏しいことに対処する教育・研修の重要性も指摘されています。

〈行動規範・グループ規程類に定める統制〉

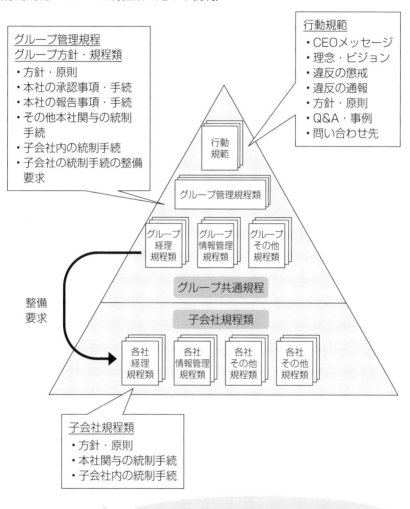

グループ管理規程
グループ方針・規程類
・方針・原則
・本社の承認事項・手続
・本社の報告事項・手続
・その他本社関与の統制
　手続
・子会社内の統制手続
・子会社の統制手続の整備
　要求

行動規範
・CEOメッセージ
・理念・ビジョン
・違反の懲戒
・違反の通報
・方針・原則
・Q&A・事例
・問い合わせ先

行動
規範

グループ管理規程類

グループ
経理
規程類

グループ
情報管理
規程類

グループ
その他
規程類

グループ共通規程

子会社規程類

各社
経理
規程類

各社
情報管理
規程類

各社
その他
規程類

各社
その他
規程類

整備
要求

子会社規程類
・方針・原則
・本社関与の統制手続
・子会社内の統制手続

グループ内全従業員に教育・研修

海外子会社の発見統制の課題

■基本的な発見統制の欠如・欠陥

　不祥事を発見する統制は，海外子会社では実質的に存在していなかったり，脆弱であったりすることが往々にしてあります。銀行残高と帳簿残高の照合や実地棚卸等の基本的な発見統制がなかったり，手続や頻度が有効でなかったりすることもあります。

　日本国内では人事のローテーションで，異動時に不祥事が発覚することがあり，発見の仕組みになることもありますが，海外はジョブ型採用でローテーションが難しいこともあります。担当者が固定化し，業務はブラックボックス化しがちです。

　国内企業で導入が進む内部通報制度も，海外子会社内部に設置しても機能しにくい状況となります。通報者は，自身が通報したことが不正等の実行者に知られ，報復を受けることをおそれるからです。海外子会社で権力を握る社長や経営幹部自らによる不祥事であればなおさらであり，不祥事を隠すよう圧力や脅しがあることもあるといわれます。外部窓口の設置も可能ですが，海外子会社の脆弱な管理のリソースでは，通報者を保護する実効的な制度の設計・運用は難しいといえます。

　発見統制により不祥事の端緒となる重要な情報を発見しても，報告ライン上の経営幹部の認識が甘ければ，うやむやになって活用されず，重大な不正の長期継続につながった事例も見受けられます。

　不祥事を発見する仕組みとして内部監査や外部監査は重要ですが，内部監査は比較的小規模な組織では存在しないことが多く，存在しても海外子会社の経営陣から独立していないこともあります。外部監査人による会計監査すら受けていない，あるいは個人会計士の簡素な手続で済ませることもあり，これらを活用したマネジメントレビューも機能しにくい状況といえます。

■不祥事の継続期間

　海外子会社の不祥事は，上記の事情から長期化しやすく，手口を変えながら10年以上続いた事例もあります。公認不正検査士協会（ACFE，本部：米国）の2022年の国際調査によると，不正の継続期間が長いほど，被害が拡大する傾向にあります。不正の継続期間が6カ月以下の場合，損失額の中央値は47,000ドルですが，61カ月以上の場合，800,000ドルに拡大しています。

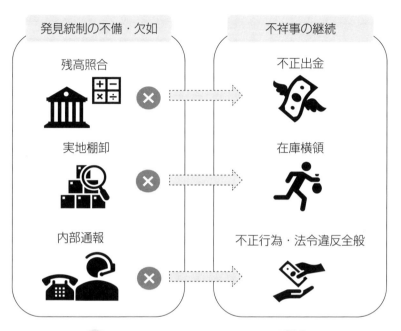

発見統制の不備・欠如　　不祥事の継続

残高照合　　　　　　　　不正出金

実地棚卸　　　　　　　　在庫横領

内部通報　　　　　　不正行為・法令違反全般

海外子会社の統制状況

・経営陣・管理職のリスクの理解や統制の知見が乏しい
・通報対象者の報復をおそれ，通報が利用されない
・潜在的な不祥事の情報の取扱いを誤り，対処が遅れる
・ジョブ型雇用のため，ジョブローテーションができず，自然に生じる発見の機会がない

不正の継続期間と損失額の関係（※ 1 ）

6 カ月以下
47,000ドル

61カ月以上
800,000ドル

被害の拡大

※ 1 （出所）ACFE「2022年度版　職業上の不正に関する国民への報告書」（2022年 8 月）

グループの発見統制の実践

■グループ本社からのモニタリング

　グループ本社への海外子会社の報告事項・手続を定めたうえで，報告資料を事後的にレビューし，モニタリングすることがあります。経営上・業務上の指導だけでなく，潜在的な不祥事の発見を目指した統制として運用することも有効です。

　海外子会社の月次・四半期・年次決算は本社に提出されます。経理部門等が，財務諸表の数値の関係性や過年度比較によって異常点を検知します。現地のマネジメントレビューを補完する仕組みといえ，実際にこれを端緒に不正が発覚した事例もあります。最近は海外子会社の業務システムのデータをリアルタイムで分析し，不祥事の兆候を検知する継続的モニタリングも行われ始めています。

　定期的なモニタリングとして，本社による海外子会社に対する内部監査は非常に重要であるほか，外部監査で確認した課題や改善点等を記したマネジメントレターを本社でレビューすることも有効です。本社のモニタリングは海外子会社の脆弱な2線を指揮・監視するだけでなく，支援・補完する取組みでもあります。

■グローバルな内部通報・相談窓口

　内部通報は，グローバルの不正発見の手段で最も代表的で重要な仕組みです。海外子会社に任せきりにせず，グループ本社の主導で制度設計をすることが有効です。通報・相談窓口は複数設けることが有用で，子会社内のほか，本社の2線に社内窓口を設け，さらに外部業者のホットラインや通報用のウェブサイトを設けることにより，経営者の不正も報告されやすくなります。

　特に重要なのは，ルールの設計です。グローバル企業は，通報対象者の報復から通報者を保護する仕組みや，通報内容の機密性を確保する仕組みを含め，安心して利用できる運用ルールを整備し，開示しています。たとえば，米ウォルト・ディズニー社は，24時間365日対応の世界の国別の通報の番号とともに内部通報ポリシーを公表し，通報者の素性は通報の対象者には明かされないことや，事前に特別な研修を受けた社内調査の担当者に極秘情報として素性を伝える必要性が生じ得ることなど，わかりやすく丁寧な説明を行っています。

本社モニタリング

- 本社による海外子会社の月次・四半期・年次決算書レビュー
- 本社による海外子会社の各種報告資料のレビュー
- 本社による海外子会社の業務システムのデータ分析・モニタリング

内部監査
外部監査

- 本社による海外子会社に対する内部監査
- 現地外部監査によるマネジメントレターの本社レビュー

内部通報制度

- 海外子会社内窓口
- 本社内窓口
- グローバルの社外ホットライン
- グローバルの社外ウェブサイト
- 地域別の社外ホットライン

〈不正の発見手段〉

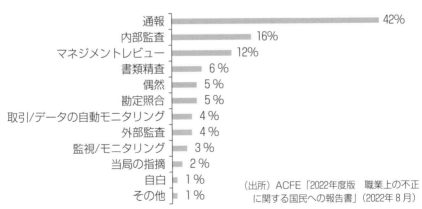

手段	割合
通報	42%
内部監査	16%
マネジメントレビュー	12%
書類精査	6%
偶然	5%
勘定照合	5%
取引/データの自動モニタリング	4%
外部監査	4%
監視/モニタリング	3%
当局の指摘	2%
自白	1%
その他	1%

（出所）ACFE「2022年度版　職業上の不正に関する国民への報告書」（2022年 8 月）

グループの内部監査の実践

■海外グループ内部監査の重要性

海外子会社においては独自の内部監査の機能がないことが多いため，グループ本社による海外子会社の内部監査が重要になります。不祥事を予防・発見・対応する統制が，リスクに対して必要な水準で有効に整備されているか，適切に運用されているかについて，独立した立場から，客観的に見極めることができます。

海外子会社の2線が脆弱で，現地駐在員ら管理職は管理部門を見切れておらず，業務がブラックボックス化しているような状況で，本社の2線も海外の2線を適切に指揮・監視できていないときは，2線による統制も，2線が支援・牽制する1線による統制も，危うい状況にあるといえます。本社の3線による内部監査ではじめて，海外子会社の1線・2線の統制の不備が明らかになり，是正・強化につながることは非常に多いといえます。

■海外子会社の内部監査のポイント

海外子会社の内部監査は，本社の内部監査部門のリソースの制約で，毎年全社実施することはできず，対象先の規模や過去の監査の状況等を踏まえて頻度を選定することが一般的です。実施するときは全社的に幅広い分野をスコープに入れることが多いといえます。個々の監査項目は，重要な項目でつくる標準のチェックリストを海外全域で用いたり，リスクベースでカスタマイズしたりすることがあります。

販売，購買・外注，在庫などの業務プロセスにおける統制は，特に重点的に見るべきエリアです。販売は，多額の債権焦げつきや架空の売上計上なども生じ，損益への影響から本社の関心も高い領域です。与信設定や滞留債権の対応，売上計上の手続を確認することが有効です。購買・外注は，不正のリスクが特に高い領域で，架空取引や個人的なキックバックなども生じ得るので，取引の実在性の確認などの手続も必要です。在庫は，架空取引・資産横領等のリスクを考慮して実地棚卸の実績や差異報告書，手順書を確認することが有効です。

■海外グループ内部監査の体制

現地の言語・商慣習・法規制の違いや地理的な遠隔性を考慮し，地域統括会社等に現地対応できる自社の監査人材を配置することもありますが，現地の専門家をコンソーシングやアウトソーシングで起用することもしばしば行われています。

〈海外内部監査の重要性〉

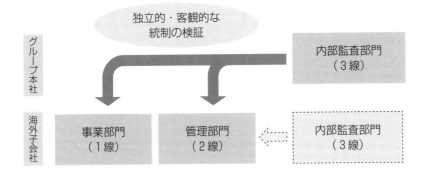

〈リスクベースの海外監査〉

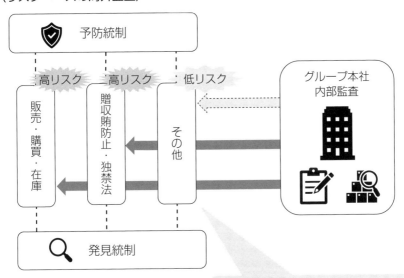

海外子会社の危機管理の課題・実践

■発見後の危機管理の課題

　海外の不祥事やその兆候を発見した後は，被害の最小化に向けて，まずは早期対処で被害拡大を食い止めるとともに，二次被害を防止します。そして，信頼回復の最速化に向けて，不祥事の事実調査を行い，原因究明により真因を特定し，実効的な再発防止策を実装したうえで，ステークホルダーに自浄作用の成果を説明します。

　しかしながら，海外子会社の経営陣や管理職はこうした対応の重要性や適切な進め方について知識・経験が乏しかったり，自身の責任の自覚も薄かったりします。手順を明確に定めていなければ，場当たり的な対応となります。本来は，こうした対応に精通した本社に速やかに報告し，適切な対応を仰ぐ必要がありますが，現場ではそもそも本社に報告すべき情報であると認識すらされていなかったり，認識されていても報告すべきかどうか判断に迷ったりして，結局は子会社内で処理をして早期の対処を誤る事例も見受けられます。本社内の部署間の意思疎通や判断の不備により，対処を誤る事例も見受けられます。

　ある上場会社の海外子会社では，監査法人による不正経理の指摘を受けて現地で調査委員会を設置したものの，不正経理の実行者の虚偽の説明を見破れず，他の不正会計の可能性の調査も見送られました。のちに別の潜在的な不正経理が課題となったものの，内部監査部による通常監査で済ませ，会計処理の適切性に十分に踏み込めず，約5年間にわたって不正が継続したといいます。

■グループの有事報告・対応体制を整える

　重大な法令違反や不正の内部告発などは，事実であればグループ本社に影響します。海外不祥事の発見後の対応は，本社が，本社報告の基準や経路，対応の手順をグループ規程類等で予め定め，海外子会社に周知することが必要です。

　加えて，海外子会社内において，本社に報告すべき情報が経営陣に速やかに集まるよう手順を整え，従業員に広く周知することで，現地従業員や現地幹部のレベルでリスク情報が滞留することを避けることができます。少なくとも速やかに本社に一報さえあれば，適切な指示を行うことができます。現地法規制や当局対応，広報・マスコミ対応等も必要となりますが，小規模な子会社で体制を整えることは難しく，本社の指示に従い，弁護士事務所との連携等，適切な対応が望まれます。

〈不祥事対応の行動原理〉

被害の 最小化	被害の早期発見		早期対処で被害拡大を食い止める。
	二次被害の防止		欠陥製品による事故や健康被害などを防ぐ。
信頼回復 の最速化	自浄作用の 発揮	事実調査	事実関係を正確に把握
		原因究明	組織的要因・真因を特定
		再発防止	実効的な再発防止策を提示
	ステークホルダーへの 説明		自浄作用を発揮したことを説明

グループ本社に不祥事に関する情報が迅速に報告されるよう，海外子会社の報告の基準・経路・手順を定める

海外子会社内で不祥事に関する情報を迅速に本社に報告できるように体制を整えたことを現地従業員に周知する

グループ本社への迅速な報告で適切な指示を仰ぐ

海外子会社の不正調査の実践

■実効性を高めるための留意点

　不祥事の対応で重要なのは，徹底的な事実調査です。「上場会社における不祥事対応のプリンシプル」は，必要十分な調査範囲を設定し，背景等を明らかにし，根本的な原因を解明するために，最適な調査体制を構築することの重要性を示しています。海外不祥事の場合は，海外ならではの留意点があります。

　不正調査では客観的資料・証拠として，デジタルフォレンジックで保全したメール等も精査し，ヒアリングも行いますが，不正の背景や手口に関わる現地の商慣習・文化を踏まえ，現地言語のメール等を不正に関わるスラングやニュアンスを含めて正確に理解しなければならず，現地の不正調査に精通した専門家の協力を得ることが重要となります。同時に，根本的な原因を解明し，実効的な対策を提言するためには，本社による海外子会社の管理体制はもちろん，不正の動機や正当化の要因にもなり得る本社による海外子会社に対するプレッシャーなども明らかにする必要があり，本社側の調査が必要となります。日本本社側と現地側で有効に連携する体制が必要であり，補助者に現地の法務，会計，デジタルフォレンジックの専門家が入るケースも見受けられます。

■当局・法規制上の留意点

　海外不祥事の調査では，当局・法規制上の対応を抜かりなく実施するために，現地法令に精通した弁護士の助言を得ることが重要です。不正の発覚が内部通報を発端とするときは，内部通報者の保護や各国の法規制の要請に留意する必要があります。調査の開始と同時に，証拠隠滅を防ぐため，関係部署に資料やデータの破棄・移動を禁止することになりますが，証拠保全のため現地の法的手続をとることもあります。また，デジタルフォレンジックで保全したデータを日本に移転することが個人情報の域外移転として現地の個人情報保護法等で規制されることがあることにも留意が必要です。そして当局への自己申告や当局による行政処分に先立つ調査が絡む場合にも，当局の要求事項を理解した万全の対応が求められます。このほか，不祥事に絡む損害賠償等の請求を受けると，調査結果等の開示を強制され，自社に不利になり得ますが，社内調査について弁護士と依頼者の間のやりとりの開示を拒否できる秘匿特権を成立・維持できれば開示を拒否できることにも留意が必要です。

客観的資料・証拠
の保全／収集

法規制上の留意点

・現地法の証拠保全手続
・デジタルフォレンジック
　の個人情報の域外移転の
　制限
・内部通報者の保護

客観的資料・証拠
の分析

実効性を高めるための留意点

・不正の背景・手口に関わ
　る商慣習・文化の理解
・不正に関わる現地語の
　ニュアンスや俗語の理解
・不正の要因に関わる子会
　社側の調査
・不正の要因に関わる本社
　側のガバナンスやプレッ
　シャーの調査

法規制上の留意点

・弁護士・依頼者間秘匿特
　権の成立・維持

ヒアリング

事実認定

実効性を高めるための留意点

・現地側調査・本社側調査
　の仮説のすり合わせ

法規制上の留意点

・当局対応

18　海外サプライチェーンの不祥事対応

■サプライチェーンの内部統制

「上場会社における不祥事予防のプリンシプル」原則６が，サプライチェーンにおける不祥事の予防に言及したことは，とても画期的なことです。

これまでグループ内部統制の関心は，資本関係がある子会社・孫会社・関連会社に向けられていました。

しかし，現在のビジネスでは，サプライチェーンを構成する他社（資本関係があるとは限らない）と緊密な関係に立っており，他社が大規模な不祥事を起こすと，サプライチェーンの川上・川下に位置するすべての会社にその悪影響が及ぶことが通例となっています。

したがって，もし資本関係がなくても，サプライチェーンを構成する他社を，不祥事予防の観点から内部統制の対象に取り込むことは，サプライチェーンのリスク管理の観点からも極めて自然な発想といえます。

■契約条項で取引先に対する統制を

資本関係があれば，株主による業務執行への統制として，資本の論理にものをいわせて，子会社などに統制を及ぼすことができます。

しかし，サプライチェーンを構成する他社に対しては，資本の論理が通用せず，とりわけ海外拠点が含まれる場合には，法制度の相違等から，統制することがさらに困難となります。

そこで，取引先と取り交わす「契約条項」に何を盛り込むかが，統制のカギになります。

たとえば，「契約条項」に，サプライヤーに対しCSR調達基準・行動規範等を遵守する義務を負わせる「CSR条項」を盛り込むことによりサプライチェーン全体を通じた人権・CSR配慮を実効的に推進させることができます。

そして，①取引開始前（取引を始めるかどうかのチェック），②取引開始時（契約条項の作成），③取引継続時（ネット検索や内部通報等によるチェック），④取引終了時（取引解消に向けたアクション）という４つの場面で統制を効かせることが考えられます。

〈上場会社における不祥事予防のプリンシプル〉

　　原則 6　サプライチェーンを展望した責任感

　　　業務委託先や仕入先・販売先などで問題が発生した場合に

　　　おいても，サプライチェーンにおける当事者としての役割を

　　　意識し，それに見合った責務を果たすよう努める。

〈契約条項による統制（CSR条項の活用）〉

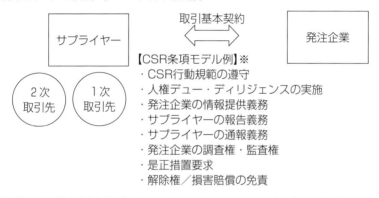

※（出所）日本弁護士連合会「人権デュー・ディリジェンスのためのガイダンス（手引）」（2015年 1 月）CSR条項モデル条項例（61頁〜63頁）

〈サプライチェーンリスクマネジメントフロー〉

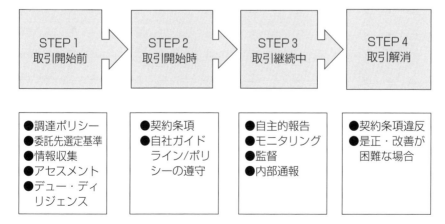

海外サプライチェーンの予防統制・発見統制

■サプライチェーンに対する予防統制

　まず「委託先選定基準」を策定し，不祥事リスクの高い会社とはそもそも取引をしないことが考えられます。

　次に，取引を始める際には，禁止事項や解除事由を明記した契約条項を盛り込んでおくことが考えられます。たとえば，

・衣料品メーカーが，海外の製造委託工場に対し，労働者を劣悪な労働環境で働かせることを禁止する

・新興国で事業展開する会社が，当該国で起用するエージェントに対し，公務員に対する贈賄行為を行うことを禁止する

　などが考えられます。

　ここで，労務問題に関していうと，海外の製造委託工場が労働者を劣悪な環境で働かせて禁止事項に違反した場合に，その契約を解除することは，当該工場における劣悪な労働環境の固定化につながるおそれがあるので，契約を解除するのは最後の手段として，労働環境の是正・改善を積極的に促していくことが，より適正な対応となります。

■サプライチェーンに対する発見統制

　まず禁止条項の違反や一定のリスク事象が発生したときに「報告義務」を課しておくことが考えられます。

　次に，委託先から自発的な報告がなされない場合に備えて，定期的あるいは不定期の「監査権限」を確保しておくことが考えられます。たとえば，完成品メーカーが，素材メーカーに対し，製造や検査の工程を監査するなどが考えられます。

　また，サプライチェーンの苦情処理窓口の整備に関する取組みとして，味の素株式会社が導入しているNGOを一次窓口とする企業横断的な苦情処理の仕組み（「ワーカーズボイス」の導入）は，情報を第三者窓口に集約し，蓄積した知見や情報を企業間で共有して活用することで，効率的な人権リスクへの対応を可能とする取組みであり注目されています。

〈平時におけるサプライチェーンに対する監督の重要性〉

> 上場会社における不祥事予防のプリンシプル　原則6・解説6－2
>
> 　業務の委託者が受託者を監督する責任を負うことを認識し，必要に応じて，受託者の業務状況を適切にモニタリングすることは重要である。
> 　契約上の責任範囲のみにとらわれず，平時からサプライチェーンの全体像と自社の位置・役割を意識しておくことは，有事における顧客をはじめとするステークホルダーへの的確な説明責任を履行する際などに，迅速かつ適切な対応を可能とさせる。

◆サプライチェーンにおける苦情処理相談窓口（※）をNGO等の第三者に設置した取組事例

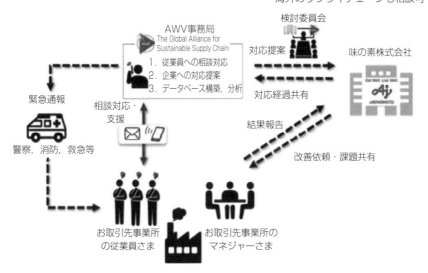

「ワーカーズボイス」の仕組み

（出所）外務省「『ビジネスと人権』に関する取組事例集〜『ビジネスと人権の指導原則』に基づく取組の浸透・定着に向けて〜」（2021年9月）13頁

海外サプライチェーンの危機管理の課題

■サプライチェーンの対応の難しさ（事実調査・原因究明）

　サプライチェーンのなかで不祥事が起きた場合の対応策は，事実調査→原因究明→再発防止という一般的な危機管理における対応策と異なりません。しかしサプライチェーンにおける不祥事においては，サプライヤーの協力が得られず，事実調査や原因究明がうまく進まないといった問題が生じ得ます。こうした場合に，サプライヤーとの契約における監査権の確保などが功を奏します。

■リプライチェーンの対応の難しさ（再発防止）

　再発防止において，仮に有効な代替手段や解決策があったとしても，質や量の確保，対応の優先順位，他の課題への副次的な影響，経済性との両立といった問題が生じることもあります。「サプライチェーンにおける当事者としての自社の役割を意識し，それに見合った責務を誠実に果たす」（上場会社における不祥事予防のプリンシプル原則6・解説6‐1）ということは，言うはやすしですが，実際には難しい問題をはらみます。

　たとえば，先述の5のネスレの事案では，同社は2020年までに森林破壊ゼロの目標を掲げ，直接サプライヤーとの問題の改善に取り組んできましたが，結果，目標は達成できませんでした。

　これは，パーム油の代替の難しさや現地小規模農家との契約を強制的に打ち切ると，生活に困った農家たちが結局独自に森林伐採を行ってしまうといったジレンマが要因としてありました。

　ネスレとしては，こうしたジレンマの存在や目標のために取り組んできた施策，効果などを開示し，今後は小規模農家の環境問題への啓発と能力強化を重視し，取り組んでいくことを対外的に表明しています。

> 上場会社における不祥事予防のプリンシプル　原則6・解説6-1
>
> 　（前略）自社の業務委託先等において問題が発生した場合，社会的信用の毀損や責任追及が自社にも及ぶ事例はしばしば起きている。サプライチェーンにおける当事者としての自社の役割を意識し，それに見合った責務を誠実に果たすことで，不祥事の深刻化や責任関係の錯綜による企業価値の毀損を軽減することが期待できる。

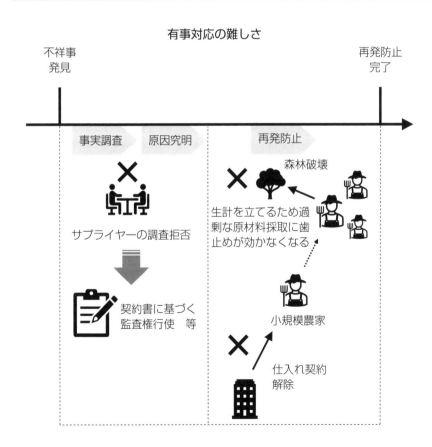

有事対応の難しさ

海外サプライチェーンの危機管理の実践

■有事危機管理のポイント

　このように，昨今の複雑化した世界情勢からは，単純に解決策が実行できないことが多くありますが，企業には，自らの取組みの透明性を確保し，ステークホルダーと対話をしながら，課題解決に取り組むことが求められます。複雑な利害関係や情勢のなかでも，真のステークホルダーや問題が何であるかを的確に捉え，ステークホルダーとの対話のなかで最善を尽くすことが，サプライチェーンの有事危機管理のポイントです。

■有事危機管理の実践例

　こうした有事危機管理の実践例として，すでにご紹介したネスレの対応を取り上げます。

　ネスレは，NGOからの指摘を受け，問題のあるインドネシアのサプライヤーからの調達を中止し，さらにその後国際NGOとパートナーシップを締結し，NGOと共同で，ネスレの全世界のサプライヤーに適用される「パーム油に関する責任ある調達ガイドライン」をつくり上げ，熱帯雨林を破壊しない持続可能なパーム油の調達開始を発表しました。

　また同社は，調達したすべてのパーム油をRSPO（持続可能なパーム油のための円卓会議）認証のものへ変更することを目標にするなどサプライチェーンの改善に努め，NGOとの連携により大きな批判を早期に収束することができました。

　その後も同社は，動物保護に取り組む国際NGOとのパートナーシップに合意し，サプライヤーにアニマルウェルフェアを要求し，また，原材料のサプライチェーンの追跡を100％可能にするため，衛星によるモニタリングを実施するなど，継続的かつ一貫したサプライチェーンの改善に取り組んでいます。加えて，前述のように，小規模農家の環境問題への啓発と能力強化にも取り組むことにより，森林破壊に関する根本的な解決に向けた取組みを強化しています。

　このように，ネスレの危機管理対応は，真のステークホルダーや問題を的確に捉えたうえで，環境問題等のステークホルダーの代弁者であるNGOと対立するのではなく，対話・協調することにより，最善策を模索し，また，自社の取組みについての失敗例も含めすべて開示し，透明性を確保することにより，ステークホルダーの信頼を回復したという良い事例といえます。

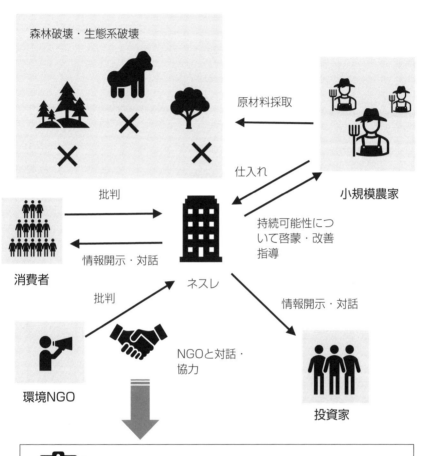

森林破壊・生態系破壊

原材料採取

小規模農家

仕入れ

批判

情報開示・対話

消費者

持続可能性について啓蒙・改善指導

ネスレ

批判

情報開示・対話

投資家

環境NGO

NGOと対話・協力

・共同でパーム油に関する責任ある調達ガイドライン作成
・アニマルウェルフェアの取組み強化　等

22　ビジネスと人権の動向

■ビジネスと人権問題の生起

　ビジネスと人権の問題は，先進国の多国籍企業がグローバルにビジネスを推進する過程で，途上国の住民の人権が侵害される例が増えたことに伴い，1970年代からOECD（経済協力開発機構）やILO（国際労働機関），国連で議論されてきました。

■国連指導原則

　ビジネスと人権に関する現在の動向の起点になったのは，2011年の国連「ビジネスと人権に関する指導原則」です。企業と人権との関係を，(1)企業を含む第三者による人権侵害から保護する国家の義務，(2)人権を尊重する企業の責任，(3)救済へのアクセス，の３つの柱に分類しました。

■海外の動向

　2023年１月，ドイツでサプライチェーン・デューディリジェンス法が施行され，一定規模以上の在独企業に対し，サプライチェーンにおける人権デューディリジェンスの実施と開示を義務づけました。2023年６月には欧州議会がコーポレート・サステナビリティ・デューディリジェンス指令案に関する最終報告書を採択するなど，環境・人権デューディリジェンスの法制化・義務化に向けた動きが加速しています。

■日本政府の動向

　2020年10月に，ビジネスと人権に関する行動計画に係る関係府省庁連絡会議が策定した「行動計画」が，日本におけるビジネスと人権の動向の起点になりました。この指針も，国連指導原則の３つの柱を踏襲し，(1)人権を保護する国家の義務に関する取組み，(2)人権を尊重する企業の責任を促すための政府による取組み，(3)救済へのアクセスに関する取組み，を掲げています。

　この(2)が2022年９月の「責任あるサプライチェーン等における人権尊重のためのガイドライン」の策定につながりました。

〈海外の動向〉

1976　「OECD多国籍企業行動指針」策定

1977　「ILO多国籍企業宣言」策定

1999　「国連グローバル・コンパクト」が４分野（人権，労働，環境，腐敗防止）10原則を提唱

2006　「国連責任投資原則」（PRI）発足

2011　「ビジネスと人権に関する指導原則：国際連合『保護，尊重及び救済』枠組実施のために」を国連人権委員会で全会一致で支持

2015　「持続可能な開発のための2030アジェンダ」（SDGs）を国連総会で採択

2018　「責任ある企業行動のためのOECDデュー・ディリジェンス・ガイダンス」策定

2023.1　ドイツで「サプライチェーン・デューディリジェンス法」を施行

2023.6　欧州議会が「コーポレート・サステナビリティ・デューディリジェンス指令案」に関する最終報告書を採択

〈日本政府の動向〉

2020.10　「『ビジネスと人権』に関する行動計画（2020－2025）」（NAP）公表

2021.11　「日本企業のサプライチェーンにおける人権に関する取組状況のアンケート調査」結果公表

2022.9　「責任あるサプライチェーン等における人権尊重のためのガイドライン」公表

2023.4　「責任あるサプライチェーン等における人権尊重のための実務参照資料」（経済産業省）公表

23　人権尊重ガイドラインの概要

■人権尊重ガイドライン

　2022年9月に，ビジネスと人権に関する行動計画の実施に係る関係府省庁施策推進・連絡会議が，「責任あるサプライチェーン等における人権尊重のためのガイドライン」（人権尊重ガイドライン）を公表しました。

　ここでは，右上図にあるように，企業が「人権方針の策定・公表」「人権デュー・ディリジェンス」「救済」という一連の取組を「ステークホルダーとの対話」をしながら進めることを求めています。

　2023年4月には，経済産業省が，「責任あるサプライチェーン等における人権尊重のための実務参照資料」（実務参照資料）を公表し，企業が実務レベルで何をすればよいのかイメージできるよう，検討すべきポイントや実務フローの例を示しています。

■人権デュー・ディリジェンスに関する資料

　2018年には，「責任ある企業行動のためのOECDデュー・ディリジェンス・ガイダンス」が策定され，日本語訳も公表されています。

　2023年4月には，一般社団法人グローバル・コンパクト・ネットワーク・ジャパンが，「人権デュー・ディリジェンスの実践のためのマニュアル～人権分野の責任ある企業行動～」を公表しています。

　これらの資料を参照して，人権尊重の取組みを進めていきましょう。

■人権尊重の取組みにあたっての考え方

　人権尊重ガイドライン10頁は，「人権尊重の取組にあたっての考え方」として，右下表の5点を述べています。企業が取組みを始める際の大事な考え方がよく整理されており，取組みの最初はこの考え方を経営陣と共有して議論することから始めるのがよいでしょう。とりわけ，「潜在的な負の影響はいかなる企業にも存在する」「人権尊重への取組みを行っても負の影響のすべてを解消することは困難」という前提に立つことは，とても大事です。

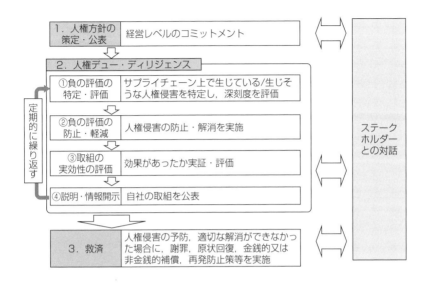

人権尊重の取組みにあたっての考え方	
1	経営陣によるコミットメントが極めて重要である
	人権尊重の取組は，企業活動全般において実施され，全社的な関与が必要，経営陣がコミットメント（約束）して積極的・主体的に継続して取り組む
2	潜在的な負の影響はいかなる企業にも存在する
	人権尊重への取組を行っても負の影響の全てを解消することは困難，負の提供の存在を前提に，特定し，防止・軽減し，説明する
3	人権尊重の取組にはステークホルダーとの対話が重要である
	ステークホルダーとの対話は，負の影響の実態やその原因を理解し，対処方法の改善を容易にし，信頼関係の構築を促進する
4	優先順位を踏まえ順次対応していく姿勢が重要である
	人権尊重の取組の最終目標を認識しながら，まず，より深刻度の高い人権への負の影響から優先して取り組む
5	各企業は協力して人権尊重に取り組むことが重要である
	直接契約関係にある企業に，その先のビジネス上の関係先における人権尊重の取組全てを委ねるのではなく，共に協力して人権尊重に取り組む

24　負の影響の特定・評価⑴

■人権デュー・ディリジェンスの進め方

　ここからは，2023年4月に経済産業省が公表した「責任あるサプライチェーン等における人権尊重のための実務参照資料」（実務参照資料）からポイントを抜粋しながら，人権デュー・ディリジェンス（人権DD）の進め方を解説します。

　リスクベース・アプローチ（リスクが高い箇所にリソースを集中投入して効率的にリスク管理する手法）に基づき，負の影響（人権侵害リスク）を特定・評価することから始めます。

　以下のステップ①②③の順に進めていきます。

■ステップ①　リスクが重大な事業領域を特定

　右上図の4つの視点から，どのような人権侵害リスクが発生しやすいとされているか等を確認します。

　セクター（事業分野）のリスクとして，農業・漁業，化学品・医薬品，林業・伐採，一般製造業，インフラ，鉱業・金属，石油・ガス，発電事業，サービス業，公益事業・廃棄物処理業という10分類がされています（参考資料（a））。まずは自社事業の該当部分を参照してみましょう。

　製品・サービスのリスクとして，国際機関により強制労働や児童労働が指摘されている産品の例として，右下図が示されています（参考資料（b））。企業は，該当産品を取り扱う事業を高リスクと認識すべきです。

　地域リスクとして，職場における子どもの権利インデックスが示され，195の国・地域が「非常に高い／高い／普通」に3分類されています（参考資料（c））。自社の輸入先がどこに分類されているかを確認しましょう。

　企業固有のリスクとして，自社・グループ会社，サプライヤー等において，企業のガバナンス体制の問題や，人権侵害リスクとの関わりについて指摘を受けたことがないかを確認します。社内資料のほか，苦情処理メカニズムに寄せられた情報，さらにはインターネット上のネガティブな風評や，海外NGOから指弾されていないかなどを確認します。

リスク視点の例	確認ポイントの例	参考資料の例
セクター（事業分野）のリスク	自社のセクター（事業分野），製品・サービス，又は，自社・取引先が事業を行う地域において，**どのような人権侵害リスクが指摘されているか**について，人権侵害リスクの類型，深刻度，発生可能性といった観点から確認します。	参考資料（a）事業分野別人権課題
製品・サービスのリスク		参考資料（b）産品別人権課題
地域リスク		参考資料（c）地域別人権課題
企業固有のリスク	**自社・グループ会社，サプライヤー等において，企業のガバナンス体制の問題や，人権侵害リスクとの関わりについて指摘を受けたことがないか**など，企業固有の状況を確認します。	各種報道 社内資料（苦情処理メカニズムに寄せられた情報を含む）

	児童労働が指摘されている産品の例	強制労働が指摘されている産品の例
農産物	カカオ，珈琲，紅茶，ヒマワリ，花，パーム油，スパイス（クローブ，バニラ），小麦，米，とうもろこし，バナナ，メロン，柑橘系フルーツ，ブルーベリー，葡萄，キャッサバ，ジャガイモ，カシューナッツ，ヘーゼルナッツ，ブラジルナッツ，栗，豆，オリーブ，サトウキビ，嗜好品（タバコ，ケシ，カート），キャベツ，きゅうり，タマネギ，トマト，ニンニク，ブロッコリー，レタス	珈琲，紅茶，パーム油，バナナ，イチゴ，柑橘系フルーツ，ブラジルナッツ，サトウキビ，タバコ，トマト，米，とうもろこし，胡椒
畜産物・魚介	エビ，魚，牛，豚，鶏，羊，山羊	エビ，魚，貝，牛，羊，山羊
アパレル・布製品	綿，サイザル麻，絹繭，織物，衣服，靴，カーペット，糸	綿，織物，衣服，靴，カーペット
鉱物	錫，タンタル，タングステン，コバルト，金，銀，銅，雲母，鉄，サファイア，ダイアモンド，タンザナイト，トロナ，亜鉛，石炭，砂，翡翠，花崗岩，蛍石，石膏	錫，金，銀，サファイア，翡翠
雑貨・その他	ポルノ，革・革製品，花火，電化製品，サッカーボール，レンガ，陶器，家具，お香，マッチ，塩，木炭，手術器具，ゴム	木材，電化製品，ゴム手袋，レンガ，ゴム

㉕　負の影響の特定・評価⑵

■ステップ②　負の影響の発生過程の特定

　⑴人権侵害リスクを確認し，⑵確認された人権侵害リスクについて，その状況や原因を確認します。

　人権侵害リスクとして，強制労働，児童労働，結社の自由の侵害・団体交渉権の侵害，雇用および職業における差別，安全で健康的な作業環境の侵害，居住移転の自由の侵害，人種，障害の有無，宗教，社会的出身，性別・ジェンダーによる差別，先住民族・地域住民の権利の侵害，過剰・不当な労働時間，賃金未払いという10類型が例示されていますが，人権侵害リスクはこれらに限られません。

　確認された人権侵害リスクの状況や原因を確認する方法として，右上図の例が示されています。実際には，自社やグループ会社で起きている人権侵害でさえ把握するのは容易ではなく，サプライヤーで起きている人権侵害などなおさら困難です。だからこそ，待ちの姿勢ではなく，複数の方法を駆使して積極的にリスク情報を収集する必要があるのです。

■ステップ③　負の影響と企業の関わりの評価および優先順位付け

　人権侵害リスクと自社の関わりを評価します。確認された人権侵害リスクのすべてについてただちに対処することが難しい場合，対応の優先順位付けを行います。

　人権侵害リスクと企業の関わりについては，右下図の３分類と例が示されています。引き起こす（Cause）＞助長する（Contribute）＞直接関連する（Directly Linked）の順に，自社の関連性が大きく，対応の必要性も大きくなります。

　対応の優先順位付けは，
　⑴　深刻度＝影響の規模／影響の範囲／是正不能性
　⑵　発生可能性＝年に数回発生＞過去に数回発生＞未発生
　⑶　引き起こす＞助長する＞直接関連する
という観点から行います。

方法の例	確認ポイントの例
• 社内資料（苦情処理メカニズムに寄せられた情報を含む）に基づく確認・調査	• 苦情処理メカニズムに寄せられた人権侵害リスクの情報や，過去にサプライヤー等において人権侵害リスクが発生した情報が社内記録に残されていないかを調査し，その状況を確認するとともに同様の人権侵害リスクが再発する状況にないか確認します。 • 契約書等を確認し，取引先との間で人権侵害リスクを防止する取決めがあるかを確認します。
• 企業（経営者・管理責任者）に対する質問票調査	• サプライヤー等に質問票を送付し，返送された回答を確認します。 • 例えば，取引先等における人権尊重の取組体制（例：人権侵害リスクの防止・軽減や救済のための仕組み）を確認する質問項目や，人権侵害リスクが発生していないかを確認する質問項目等を含めることが考えられます。
• 従業員に対するアンケート・ヒアリング	• 従業員に対して，自社内外において，実際に人権侵害リスクが発生していないか，確認します。 • アンケートから人権侵害リスクが確認された場合，関係する従業員等に対してヒアリングを実施する方法も考えられます。
• 現地調査・訪問	• 典型的な例として，例えば，現地の従業員の労働環境（安全で健康的な作業環境が提供されているかどうか）を確認します。
• ステークホルダーとの対話	• 自社業界や調達する原料・調達国の事情等に精通したステークホルダーと対話をして懸念を聴取します。 • 実際に人権侵害リスクを受けるステークホルダーから，被害の状況や人権侵害リスクについて聴取します。

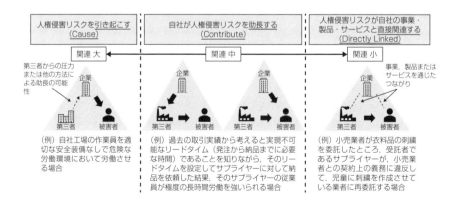

26　負の影響の防止・軽減

■負の影響の防止・軽減

　前項までのステップ①②③の順に，負の影響（人権侵害リスク）の特定・評価を済ませると，いよいよ負の影響（人権侵害リスク）の防止・軽減に進みます。

　右上図のように，引き起こす（Cause）＞助長する（Contribute）＞直接関連する（Directly Linked）に応じて，企業に求められる防止・軽減策の強さも変わります。

　直接関連する（Directly Linked）のケースで企業が何をするかについて，右中図をはじめとする例が示されています。

■イオンがDHCに対して影響力を行使した好事例

　化粧品通販大手のDHCが公式サイトに掲載した文書に，一部人種差別的な表現があり，SNSで批判が高まったところ，DHCの商品を仕入れて販売していたイオンが，DHCに対して人権に関する考え方の確認を要請し，DHCが文書の非を認めて発言を撤回しました。イオンには問合せが多数寄せられ，人権侵害を続けるなら取引をやめるとDHCに伝えたと報じられています（2021年8月2日日本経済新聞電子版）。

　イオンにとってDHCによる人種差別は，人権侵害リスクが自社の事業・製品・サービスと直接関連する（Directly Linked）と分類されます。影響力を行使して人権侵害を防止させた好事例として，イオンの行動は高く評価されます。

■旧ジャニーズ事務所の性加害問題

　旧ジャニーズ事務所の所属タレントに対する性加害問題について，関係するステークホルダーは右下図のとおりです。

　スポンサー企業にとっては，人権侵害リスクが自社の事業・製品・サービスと直接関連する（Directly Linked）と分類されます。したがって，旧ジャニーズ事務所に影響力を行使して，人権侵害リスクを防止・軽減させることが求められていると考えるべきでしょう。

引き起こす (Cause)	助長する (Contribute)	直接関連する (Directly Linked)
• 活動を確実に停止 • 将来の活動を防止 • 活動をただちに停止することが難しい場合には段階的に活動を停止	• 助長する活動を停止 • 残存した負の影響を最大限軽減するよう影響力を行使	• 負の影響を引き起こしまたは助長している企業に影響力を行使または影響力を強化 • 負の影響の防止・軽減を支援

【影響力の行使・強化の例】
• 児童労働が発覚したサプライヤーに対して，雇用記録の確認や，児童がサプライヤーにおいて雇用された原因の分析を行い，その結果を踏まえて，さらに徹底した本人確認書類のチェック等の児童の雇用を防ぐための適切な管理体制の構築を要請する。
• 業界において大きなシェアを持つサプライヤーから原料の調達を行う複数の企業が，そのサプライヤーに対して人権に関する共通の要件を設定し，それら調達企業間で共有して影響力の強化に努める。そして，その要件に関わる懸念事項が確認された場合には，競争法に十分配慮したうえで，それら調達企業が強化された影響力を共同で行使し，そのサプライヤーが有効な負の影響の防止・軽減措置を実施するよう促す。

【支援の例】
• サプライヤーに対して，サプライヤー行動規範の内容に基づくアセスメント（自己評価）を依頼し，提出された回答の評価を行う。そのうえで，評価が低かった項目についてサプライヤーとコミュニケーションを取り，一緒に改善していく方法について協議する。

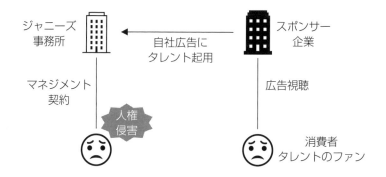

第3章 不祥事の類型別の留意点

不祥事の類型別の留意点

3－1　架空取引・キックバック

 架空取引・キックバック

■不正行為の概要

　架空取引とは，たとえばA社のX氏が架空取引先B社に1万ドルの役務を架空発注し，役務の提供を受けたことにして自社からB社に1万ドルを支払わせ，この1万ドルをX氏が収受して着服する不正行為です。A社には1万ドルの損害が生じます。

　キックバックとは，たとえばA社のX氏が外注先のC社に1万ドルの役務を1万2千ドルで水増し発注し，C社から役務の提供を受け，自社からC社に1万2千ドル支払わせ，このうち水増し分2千ドルをC社からX氏はキックバックを受けて，収受する不正行為です。A社には2千ドル（役務が無価値なものであれば1万2千ドル）の損害が生じます。また，C社自体は不正を認識しておらず，担当者Y氏がX氏と共謀してA社とC社の双方を騙すケースもあります。

　架空取引はX氏単独犯であるのに対し，キックバックは協力者がいる点が異なります。C社は下請先である等の弱い立場にあり，発注権限を持つX氏への協力を断ると仕事がもらえない等の理由から協力することが多いといえます。

　いずれの場合にもX氏の不正行為によりA社に財務的損害が発生し，X氏はA社に対して損害賠償責任を負います。またX氏にはA社に対する詐欺罪，業務上横領，背任罪等が成立する可能性があります。

■手口の多様性

　これらの不正は，会社の支払行為のなかで行われるものであり，右表のとおりさまざまな取引のなかに隠れている可能性があるため，それぞれの取引の発注権限者が潜在的な不正実行者といえます。

　支払先の特性も，通常の外注先や架空あるいはペーパーカンパニー，同族会社などの種類があり，これらは地域ごとの特徴がみられます。

　外部流出させた資金の還流方法もさまざまであり，協力者が協力手数料を取る場合もあります。外部流出した資金を，別取引の損失を補填や贈賄など横領とは別目的に利用する場合もあります。

〈架空取引〉

〈キックバック〉

〈手口のバリエーション〉

取引名目	支払先	着服方法
・仕入 ・外注，コンサル ・設備投資，備品 ・給与，派遣費用 etc	・架空 ・休眠会社 ・取引先 ・同族会社 etc	・現金 ・物品 ・飲食代 ・旅行 etc

地域の特徴

■事例にみる手口の特徴

　右上表は，日本企業の海外子会社で生じた架空取引・キックバック事例をこ数年の公表事例から収集したものです。支払取引の種類は，コンサルタント費用，材料仕入，設備投資・メンテナンス費用等多岐にわたります。不正の協力者は，現地コンサルタント会社，同族会社，実際の取引先等で，架空の会社を利用した事例は比較的少ないと見受けられます。

　また，取引先に支払った資金が不正実行者に還流していることを確認できていない事例が多いこともわかります。これらの事例では，実在する協力会社がいるため取引書類は形式上は整っており，資金移動も帳簿と合致していること，任意調査では取引先から不正実行者への利益・資金の還流の把握が困難であること，取引金額に水増しがあることを客観的に証明することが困難であること等によるものと思われます。

■事例にみる地域の特徴

　不正が発生した地域は，紹介事例のうち３つが中国となっています。これは恣意的に中国事例を抽出したものではなく，実際に公表事例の多くは中国で生じているからです。

　不正の発生要因については次項で述べますが，同族の結束が強く，個人でサービス会社や貿易会社を設立している人の多い中国では，同族会社を利用した事例が多く見られます。米国の事例が実際の取引先と共謀している点と対照的です。

　なお，中国だけがこうした不正を生じやすい地域ではないということは理解しておく必要があります。中国子会社の財務規模が他の海外子会社に比べて大きいため，不正による財務諸表への影響が大きくなる傾向があり，結果的に公表されているものと考えられます。

　右下グラフは，日本企業が比較的進出している地域における発生頻度上３位までの不正項目を並べたものです。公認不正検査士協会の分類では，架空取引は請求書不正に，キックバックは汚職にそれぞれ含めているため，直接的に発生頻度を把握することはできませんが，いずれの地域においても汚職・請求書不正の発生頻度が高いことがわかります。

〈海外子会社での架空取引・キックバックの実例〉

社名	発生国	不正の概要
O社 2021年	中国	上海および東莞の各子会社と，現地コンサルタント会社との間で，架空のコンサルタント契約が締結され，各子会社が現地コンサルタント会社に対して支払ったコンサルタント費用の一部が現地責任者に還流されていた。
N社 2020年	中国	現地子会社の購買担当社員が，その親族らが経営する会社を通じて，通常の購入価格よりも高い金額で副資材・間接材を購入することによってN社グループに損害を与えるとともに，当該仕入先にはその分不当な利益を得させていた可能性が極めて高い。
F社 2019年	中国	現地子会社の副総経理が，現地での工場建設工事において，その親族らが株主あるいは経営者である会社や親族個人らに対して架空の設備購買取引や工事作業取引等を発注した可能性がある。
T社 2019年	米国	現地の従業員が取引先の経営者と共謀し，建設工事やメンテナンス業務の発注額を水増しして，不当な利益を当該取引委託先に供与するとともに，その一部を自身に還流させていた可能性がある。

〈地域別の不正発生頻度TOP３〉

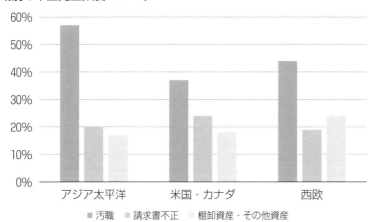

（出所）公認不正検査士協会「2022年度版　職業上の不正に関する国民への報告書」を基に筆者作成

不正のトライアングル分析

■不正のトライアングル

　不正のトライアングルとは，①動機，②機会，③正当化という3つの不正リスク要素が揃ったときに不正が発生するという考え方です。

①不正の動機

　日本では横領した資金をギャンブル，投資，女性関係等に費やすことが多い一方，新興国では，遊興費よりも，自身や家族の今日明日の生活のために横領を行うケースが多く見られます。後者の場合，不正を発見されて将来収入を失うリスクよりも今の生活資金を確保することを優先して不正を実行してしまうことがあり，それゆえに予防統制よりも発見統制がより重要ともいえます。

②不正の機会

　内部統制の不備は，親会社あるいは現地法人としては課題認識しているものの，リソース不足から対応できていなかったという話がよく聞かれます。その一方，日本本社の感覚では当然できているであろうことができていないこともあります。たとえば，総合振込による支払時に振込先と請求書の支払先の一致を確認できておらず架空取引が行われたというものです。

　取引の性質で見ると，日本本社の内部監査部門あるいは現地の日本人駐在員が取引の合理性や金額の妥当性を否定しにくいものがやはり狙われます。現地従業員から「ここでなければできない」「ここに仲介しなければビジネスに入れない」「この金額なら何とか受けてくれる」等の説明をされたときに，その真偽を見抜くことは難しいでしょう。

　また，たとえばフィリピンのように資金決済手段として小切手が多用される国の場合，銀行振込と違って直接資金が取引先に入金されないため，取引先の担当者と共謀し，取引先も関知しないケースもあります。

③不正の正当化

　自社の現地従業員や取引先を含めた社会全体でのコンプライアンス意識や経済水準・生活水準の高低，リベートの商習慣の有無等によって，日本との相対的なリスクの高低があります。

〈不正のトライアングル〉

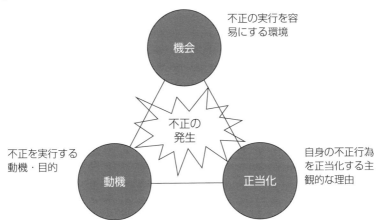

〈不正のトライアングルによる原因分析〉

動機		・遊興への欲求 ・経済的な困窮
機会	内部統制の不備	・取引内容および金額の承認プロセスの不備 ・支払取引の承認プロセスの不備 ・発注と検収の職務分掌の不備 ・発注と支払の職務分掌の不備 ・取引先，従業員のバックグラウンドチェックが行われていない
	取引の性質	・マーケットや商習慣に対する理解不足 ・発注者以外の第三者に判断の難しい特殊な役務の発注 ・コンサルティング等の無形サービス ・購買部門を通さない役務の発注 ・資金決済方法
	取引先との共謀	・取引先のコンプライアンス意識の低さ，内部統制の脆弱性 ・双方担当者の強固なリレーション ・同族会社の利用
正当化		・社会的なコンプライアンス意識の低さ ・社会的な経済水準の低さ ・リベートの商習慣の存在

海外子会社ではこれらの条件に合致することが多い

30　予防統制・発見統制

■予防統制

　不正の予防統制は，基本的には不正の発生原因，特に不正の機会を与える内部統制の不備を裏返しにして，これを減らすことです。

　不正は1つの統制行為によって防止できるものではなく，複数の統制行為によって網をかけることで防ぐのが基本です。しかしながら，実際には，海外子会社に割けるリソースには限りがあります。また，施策の有効性自体も国によって異なります。取引先のバックグラウンドチェックを例にすると，フィリピンでは法人の登記情報に加えて財務情報も入手できますが，インドネシアでは登記情報に誰もがアクセスできるわけではありません。また，中国では登記情報は閲覧できますが，同族とはわからないような親族の会社を利用される場合が少なくありません。

　現実に各子会社で有効な仕組みとその費用対効果を考える必要があります。動機の完全排除が難しいことも踏まえて，予防統制は必要最低限にとどめ，本社親会社による内部監査等の発見統制を強化することも現実解の1つです。

■発見統制

　不正発見の端緒となることが多いのが，通報，内部監査，マネジメントレビューです。

　通報による発覚は，本来的には積極的に期待すべきではありませんが，実際のところ多くの不正は通報によって発覚しています。架空取引・キックバックでは，取引の不自然さに対する内部通報もありますが，共謀相手との利益分配での仲たがいや，社内の権力争いが通報の動機となることもあります。

　内部監査は1線・2線の統制機能を保証することが通常の役割ですが，不正がそれらの統制機能の裏を突いて行われることや，実際に発見の端緒となっていること等から，自らも不正の発見機能を担うことが期待されます。往査前の入念なデータ分析と現地の商取引に詳しい専門家を必要に応じて活用することで，日本本社主導でも十分に成果を上げることができます。

　仮に詳細なデータ分析が難しい場合でも，マネジメントレビューの一環として，標準的な財務分析を行うだけでも，グループ全体の分析規模では把握できない異常値を検出し，不正の端緒を検出できることがあります。

〈予防統制〉

対象	ポイント
従業員	• 採用時のバックグラウンドチェック • 定期的なジョブローテーション • コンプライアンス教育
取引先	• 取引開始時のバックグラウンドチェック • 取引限度額の設定 • 定期的なコンプライアンス・サーベイの実施 • 契約に基づく監査権の設定
業務プロセス	• 発注と検収の分離 • 発注と支払の分離 • 上長承認の厳格化 • 相見積り • 取引先マスターの管理

〈発見統制〉

手続	ポイント
通報	• 従業員だけでなく，取引先に対しても窓口を設ける • 子会社内だけでなく，親会社にもルートを設ける • 現地語対応
内部監査	• 架空取引・キックバックに利用される取引の性質や発生原因を踏まえたリスクアプローチによる監査 • 派手な生活ぶりの従業員の観察など定性的な手続 • 現地のマーケットや商慣習に知見のある専門家の起用
マネジメントレビュー	• 内部監査等の結果を受けた業務管理プロセスの改善 • 取引先からのフィードバック等による品質改善 • 業績分析・財務分析の結果を受けた経営改善

有事対応

■初動調査

　証拠保全が重要です。これらの不正は証憑類だけでは実態把握が困難な場合が多く，取引先との共謀関係や不当利益の分配を把握するためにはデジタル・フォレンジックで関係者間のコミュニケーションを分析する必要があります。そのため，メール等が消去される前に速やかに証拠保全します。ただし，個人情報の取得や国外持出しには地域ごとに法規制が異なりますので注意が必要です。たとえば，EU域内ではGDPR（General Data Protection Regulation：一般データ保護規則）によって個人情報の保護が厳格に規定されています。

■実態解明

　日本人には不慣れな現地の商慣習を利用していることが多いため，現地の商取引に詳しい専門家とその担当窓口となる現地従業員が調査チームに必要です。また，不正の関係者からの損害賠償を検討するため，社外流出した資金の流れ，資金使途，残高，当人および関係者の財産状況を調査することもあります。

■類似案件調査

　不正の目的が個人の利得ですので，発覚したものとは別の手口での横領や汚職に注意する必要があります。また，複数の従業員が共謀して不正を行っている場合もありますので，注意が必要です。動機は概して個人的なものですので，ただちに他の拠点でも同種の不正が起きているとはいえません。しかし，同じような不正の機会がある拠点に関しては，遅くとも是正措置のタイミングでは調査しておくことが望まれます。

■ステークホルダー対応

　損害額が大きい場合には結果として財務諸表に重要な記載誤りがあったことになり，決算修正や会計監査での特別な対応が必要になることがあります。

■是正措置

　不正の当人あるいは関係者に対して民事・刑事の訴訟を行う可能性を踏まえて，法律専門家に初期段階から相談しておくことが考えられます。

①初動調査

- 通報等の不正の端緒の評価
- 証拠保全
- 初期的調査の実施および結果の評価
- 外部公表の要否の検討

②実態解明

- 調査委員会・調査チームの設置
- 調査対象事案の５Ｗ１Ｈの解明

③類似案件調査

- 不正実行者による余罪
- 不正発生拠点でのその他手口の不正
- 同様の不正が他拠点で行われている可能性

④ステークホルダー対応

- 調査結果の公表
- 各ステークホルダーへの個別説明

④是正措置

- 財務諸表，税務申告の訂正
- 関係者の処分
- 損害の回復
- 再発防止策の実施

3－2　サイバーセキュリティ

 最近の傾向

■セキュリティインシデントの動向

　企業が評判を守りながら成長を遂げるためには，知的財産や顧客情報，その他の重要な情報資産を適切に守っていく必要があります。知的財産の流出や顧客の機密情報の漏えいなど最近のセキュリティインシデントの発生は，SNSやクラウドコンピューティングなどICTの発展によって以前よりも影響の範囲と深度が広く深くなっており，企業の評判を大きく毀損し，最悪の場合企業の存続問題にまで影響する事態を招く可能性があります。

　一般社団法人JPCERTコーディネーションセンター（JPCERT/CC）が四半期ごとに公表している「インシデント対応報告レポート」によれば，コンピュータセキュリティインシデント件数は，年々増加傾向にあります。2022年のセキュリティインシデント件数は，2018年の約2.6倍にも増加しています。企業が持つ情報資産はこれまで以上に数多くの脅威にさらされており，情報資産を守るサイバーセキュリティの重要性はますます高まっている状況です。

■サプライチェーンを狙った攻撃の増加

　セキュリティインシデントのなかでも特に近年増加しているのがサプライチェーンを狙った攻撃です。独立行政法人情報処理推進機構（IPA）が公表している「情報セキュリティ10大脅威」では，"サプライチェーンの弱点を悪用した攻撃の高まり"が2019年に初めてランクインし，その後常に上位を占めるようになっています。

　2021年には海外拠点が攻撃されたことにより，医薬品メーカーの情報が漏えいしました。2022年には自動車部品メーカーへの攻撃により，取引先自動車メーカーの工場が操業を停止する事態となりました。これらの事例からわかるように，国内拠点だけでなく海外拠点や取引先などを含めたサプライチェーン全体のセキュリティ対策を考えることが求められています。

〈コンピュータセキュリティインシデント件数〉

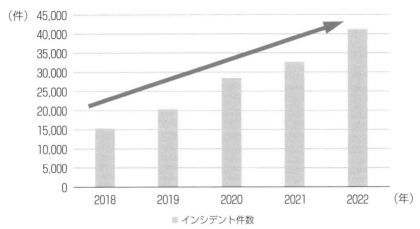

（出所）JPCERT/CC「インシデント報告対応レポート」を基に筆者作成

〈情報セキュリティ10大脅威における順位の変遷〉

	2018	2019	2020	2021	2022	2023
ランサムウェアによる被害	2	3	5	1	1	1
サプライチェーンの弱点を悪用した攻撃の高まり	―	4	4	4	3	2
標的型攻撃による被害	1	1	1	2	2	3
内部不正による情報漏えい	―	5	2	―	5	4
テレワーク等のニューノーマルな働き方を狙った攻撃	―	―	―	3	4	5
ビジネスメール詐欺による被害	3	2	3	5	―	―

（出所）IPA「情報セキュリティ10大脅威」を基に筆者作成

外部からの攻撃

■サプライチェーンを狙った外部からの攻撃

　サプライチェーンを狙った外部からの攻撃では，標的となる組織のネットワークやシステムを直接狙わず，海外拠点や海外子会社，取引先企業を最初の潜入の標的にし，それらを踏み台として標的となる組織に侵入します。全くの外部から標的となる組織に侵入するよりも，標的となる組織よりセキュリティ対策が脆弱な海外拠点や取引先企業へ侵入し，サプライチェーン内部から標的となる組織に侵入するほうが手間はかかるものの，容易かつ確実性が上がります。そのようなサプライチェーンを狙った外部からの攻撃の一例を説明します。

■サプライチェーンを狙った外部からの攻撃の例

　標的となる国内拠点ではなく海外拠点への侵入を最初に試みるのは，国内拠点と比べて海外拠点のほうが小規模なのでセキュリティ対策が脆弱であったり，国内の情報セキュリティガバナンスが効きにくかったりする傾向があるためです。

①攻撃者は，標的に対する事前調査においてサプライチェーン全体のなかから脆弱な箇所を侵入のための足がかりとします。未公開の脆弱性を悪用し，海外拠点のサーバへの侵入を試みます。

②海外拠点への侵入を成功させた攻撃者は，サーバのアップデート機能を悪用して組織内にマルウェアを拡散させます。その結果マルウェアに感染したパソコンを遠隔操作することによりアカウントを乗っ取り，国内拠点への接続を行います。

③国内拠点においても海外拠点と同様の手口を使って社内のパソコン・サーバをマルウェア感染させます。感染したパソコン・サーバを遠隔操作することによって，社内の機密情報を集め，外部のクラウドサービスへ情報を送信します。ビジネスにおいてクラウドサービスを利用する場面は多く，クラウドサービスへの接続が不審な通信であると認識されづらい状況を利用します。

〈サプライチェーンを狙った外部からの攻撃の例〉

標的となる組織を直接狙うのではなく，取引先企業や海外子会社など，セキュリティ対策が比較的弱いサプライチェーンを最初の標的（踏み台）とし，最終的に標的となる組織に侵入して機密情報を入手します

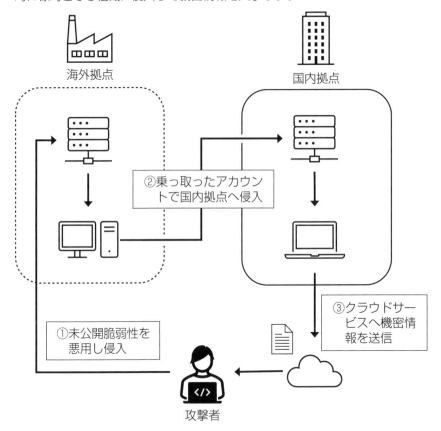

34　内部不正

■組織内部の不正

　セキュリティインシデントは外部を起因とするもの以外にも，組織内部の人間による故意または過失によるものもあります。組織内部を起因とするセキュリティインシデントの１つとして営業秘密の漏えいがあります。

　IPAが公表している「企業における営業秘密管理に関する実態調査2020 調査実施報告書」によると，故意または過失にかかわらず組織内部の関係者による漏えいが約８割を占めており，さらにそのうち半分以上が組織内部の人間による故意の情報漏えいです。

■営業秘密漏えいの例

　国内において数多くの営業秘密漏えいが発生していますが，それらの多くがセキュリティ対策の穴をついた方法です。たとえば，一般的に情報の持ち運びに利用されるUSBメモリではなく，スマートフォンをストレージとして利用する方法や，画面キャプチャでなくモニター画面をデジタルカメラで撮影するという方法などです。

　海外においても，海外子会社の社員がサーバへのアクセス権限を他人に渡していた事例や，外付けHDDに個人情報をコピーして持ち出した事例，単純にコピーした文書を持ち出した事例なども発生しています。

■セキュリティインシデントの対策

　完全なセキュリティ対策は存在せず，不正を完全に予防することは不可能です。起因が外部／内部にかかわらずセキュリティインシデントは必ず発生することを前提にし，インシデントが発生した際の有事対応について事前に準備することにより，セキュリティインシデントの被害を最小限にとどめることができます。有事対応手順を決めるだけでなく，有事において遅滞なく実行できるよう，日頃から訓練と情報の更新を行うことができて初めて有事対応を準備したといえます。

〈営業秘密の漏えいルート〉（2020年）

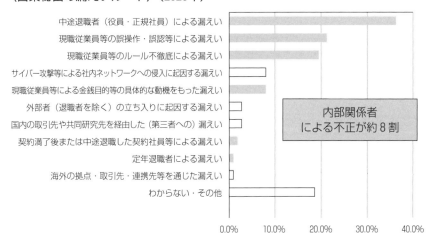

（出所）IPA「企業における営業秘密管理に関する実態調査2020 調査実施報告書」を基に筆者作成

〈営業秘密漏えいの事例〉

事案内容
はま寿司の取締役が競合他社へ転職する際に店別売上や原価データなど営業秘密を不正に持ち出した
ソフトバンクの社員がロシアの元外交官から報酬を得るために，会社の営業秘密をパソコン画面に表示させ，画面をデジタルカメラで撮影してSDカードに複製し持ち出した
平塚市の職員が自身の選挙活動に利用するために，接続制限機能を有していない庁内パソコンを経由してUSBメモリに個人情報約32,000件を複製し持ち出した
ベネッセの委託先の契約社員が金銭を得るために貸与パソコンにスマートフォンを接続し，顧客データベースから顧客情報をスマートフォンに複製した
会社Aが海外子会社Bにおいて管理している営業秘密が，会社Cによって海外で不正取得・使用・開示等された

有事対応

　セキュリティインシデントが発生した際の有事対応の流れを説明します。セキュリティインシデントが発生する前に準備をするところから有事対応は始まります。有事対応はCSIRT（Computer Security Incident Response Team）が中心となりますが，経営層や法務など含めた全社での対応が求められます。

■準　備
　有事対応計画の策定・更新，組織の情報セキュリティの現状把握などを行います。有事対応計画には次の要素を盛り込みます。
　・連絡先（経営層／広報／IT／法務／外部関係者）と役割
　・想定脅威と影響（脅威の種類／重要度・影響度分類）
　・対応方法（ワークフロー／チェックリストなど）

■検知・評価
　セキュリティインシデントの評価と報告，優先順位付け，証拠の保全を行います。セキュリティインシデントの発生場所によっては，特別な事情（たとえば中国からデータを持ち出すことは法規制上難しい）への配慮が必要となる場合があります。

■調査・対応
　セキュリティインシデントの影響範囲の特定・抑制と脅威源の特定・除去を行います。海外における調査の場合は，各国の環境などにより現地で調査を完結させなければならないこともあり，国内と海外の調査チームの連携も重要となります。海外の調査チームメンバーも有事対応計画の連絡先に事前に加えておくと，有事対応がより円滑になります。

■修復・報告・改善
　セキュリティインシデントからの回復と社外や社内への情報公開の検討，調査結果のとりまとめと再発防止策の策定を行います。また，今回のセキュリティインシデントの経験を有事対応計画に反映することによって，有事対応計画がより実用的なものとなっていきます。

〈有事対応フレームワーク〉

準備
- ・情報セキュリティ監査
- ・情報セキュリティポリシー・ガイドライン策定
- ・有事対応計画の策定
- ・対応マニュアルの整備（経営層向け，IT向け）
- ・情報セキュリティ教育

検知・評価
- ・検知内容の把握とインシデントかどうかの判断
- ・有事対応計画に沿った報告
- ・インシデントの優先順位付け
- ・証拠の保全

調査・対応
- ・インシデントの影響範囲の特定
- ・影響範囲の拡大の抑制
- ・インシデントの脅威源の特定
- ・インシデントの脅威源の除去

修復・報告・改善
- ・影響を受けた要素の回復
- ・社外・社内への情報公開の検討
- ・調査結果のとりまとめ
- ・再発防止策の策定

　マネロン・テロ資金供与とは

■マネー・ロンダリング，テロ資金供与とは

　マネー・ロンダリング（マネロン）とは，犯罪（前提犯罪）によって得られた収益を犯罪者が使えるようにするために，他人名義の取引を介したり，正当な取引に見せかけたりすることによって，その所有者や出所をわからないようにし，捜査機関による収益の発見や検挙を逃れようとする行為をいいます。「資金洗浄」と訳されることがあります。

　また，テロ資金供与とは，テロ行為を行うための資金やテロ組織の活動資金等として，現金や場所等を提供する行為をいいます。

　これらの行為は，新たな犯罪やテロによる被害につながるものとして，国際的に規制されていますが，世界のGDPの２～５％に相当する金額がマネロンやテロ資金供与の対象となっているとされます。

　SDGs（持続可能な開発目標）では違法な資金の減少等がターゲットの１つに掲げられ，各国の法令でも，自社の取引がマネロンに利用されることがない体制の整備が企業に求められています。

　なお，マネロン，テロ資金供与に対する規制等は類似する点が多いため，以下では主にマネロンを取り上げて説明します。

■マネロンの３つのプロセス

　マネロンは，一般的に，①Placement（配置），②Layering（複層化），③Integration（統合）の３つのプロセスにより構成されると考えられています。

　各プロセスの概要は右図のとおりです。たとえば，特殊詐欺で詐取した現金を，他人名義の預金口座に入金した（①Placement（配置））うえで，それを海外の口座へさらに送金したり，証券や不動産等他の資産に変換したりした（②Layering（複層化））後，現金化や自己名義の預金口座への送金等，使える形態に変えること（③Integration（統合））でマネロンは完成します。

　このような仕組みを理解しておくことは，自社の商品やサービスがどのようにマネロンに利用されるか，どこにマネロンリスクがあるのか等を理解し，効果的なマネロン対策を講じるうえでも重要です。

■前提犯罪によって得られた"汚れた"収益を"きれいな"資産に変換するプロセス

■このプロセスにより，新たな犯罪・テロ行為等の発生につながる

■マネロンの規模は世界のGDPの2～5％程度（IMFによる推計）

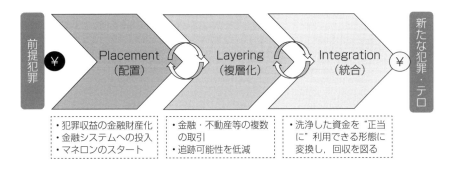

①Placement（配置）	前提犯罪で得られた収益を金融システムに組み込むこと
②Layering（複層化）	投入された犯罪収益をもとに，金融や不動産等の複数の取引を行い，収益の出所がわからないようにすること
③Integration（統合）	収益を利用できるように，合法的な経済活動に投入すること

対策（AML/CFT）

■マネロン・テロ資金供与対策を講じるべき範囲

　金融や経済活動のボーダーレス化に伴い，マネロン・テロ資金供与行為の範囲は広がっています。五菱会事件では，日本の暴力団がヤミ金融で得た収益をスイスの銀行口座に預金していました。

　近時のFinTechの発展や電子マネー，暗号資産の浸透などによって，その範囲は拡大することが想定されます。

　また，マネロン・テロ資金供与行為を行う者は，規制の弱い国・地域を探し，そこでの取引を利用することが考えられます。

　企業としては，自社のビジネスを展開しているあらゆる場面において，本社が主導してグローバルベースで隙を突かれないマネロン・テロ資金供与対策（Anti-Money Laundering（AML）／Countering the Financing of Terrorism（CFT））を講じる必要があります。グループ／グローバルベースでの対策については，39も参照してください。

■マネロン・テロ資金供与対策（AML/CFT）の３つの柱

　マネロン・テロ資金供与規制の具体的内容は，各国・地域の事情（たとえば身分証の形式や信頼度等）によってさまざまであり，企業としてそれを統一的に管理するのは大きな負担となります。

　もっとも，マネロン・テロ資金供与対策は，一般に以下の３つの制度を柱として成り立っていると考えられており，これらに取り組むことで，一定のリスクに対応することができます。

①取引時確認・顧客管理（Know Your Customer/Customer Due Diligence）：取引の相手方の属性や取引目的等の情報を収集し，マネロンやテロ資金供与に利用されるリスクを判定する

②継続的顧客管理・取引モニタリング：顧客情報の変更や日々行われる取引履歴（口座からの入出金等）等を管理しながら，不自然な動きがないかを確認する

③疑わしい取引の把握・届出：取引の各タイミングで，マネロン・テロ資金供与が疑われる行為を把握し，本社に報告するとともに，規制当局，捜査機関等へ届出を行い，その指示に従って対応する

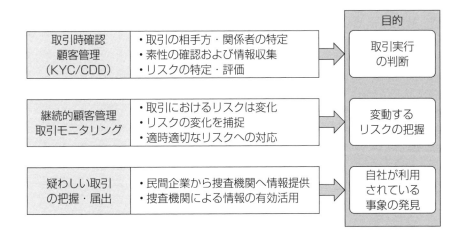

〈新興国・発展途上国でのAML/CFT〉

- 新興国・発展途上国とされる国・地域は，相対的にAML/CFTが整備されておらず，マネロンリスクが高い傾向にある
- 積極的に本社・親会社が支援・監督し，グループ／グローバルベースで隙のないAML/CFT体制を構築することが必要

リスクベース・アプローチの導入

■リスクベース・アプローチとは

　リスクベース・アプローチとは，限られた経営資源を有効に活用し，マネロン・テロ資金供与対策を講じるために，高リスクの取引については厳格な措置，低リスクの取引については簡素な措置を実施することで，リソースを効率的に配分し，全体的なリスクの低減を実現するアプローチをいいます。

　そのプロセスとしては，まず，自社におけるマネロン・テロ資金供与のリスクを特定し，その大きさを評価します。そのうえで，そのリスクをコントロールする対策（前項を参照）の十分性を検証し，その結果残るリスクを特定・評価することになります。

　残余リスクに対しては，そのリスクを自社として受け容れられるか（もしくはビジネスを変更・停止するか）を判断することになります。

■特定・評価（リスクアセスメント）

　リスクベース・アプローチの出発点は，リスクの特定および評価です。これを実施する際には，以下の視点で取り組むことが有用です。

①自社のリスクはどこにあるか？

　自社のビジネスモデル，ターゲット（客層，国・地域等），商品・サービスの特性等から，マネロン・テロ資金供与に利用されるリスクを把握する。

②そのリスクはどれぐらいの大きさか？

　対策を講じる前の固有の大きさを評価する。その際には，FATF（金融活動作業部会（Financial Action Task Force）：マネロン対策などに取り組む国際的な連携システムで，38の国・地域および2つの地域機関が加盟）や各国の捜査当局等が公表しているレポートを参照することが有用。

　このリスクアセスメントを行うには，ビジネスモデルとマネロン・テロ資金供与それぞれに対する理解が欠かせません。マネロン・テロ資金供与を行う立場になり，自社の組織やそのビジネス等を悪用するとすればどのようにするかを考え，議論してみましょう。

〈リスクベース・アプローチのプロセス〉

〈リスクアセスメントの視点〉

➢ 自社のリスクはどこにあるか？　　会社のビジネスモデルのリスクマップ

➢ そのリスクはどれぐらいの大きさか？　ビジネスモデルおよびマネロン・テロ資金供与の理解

　■犯罪者・資金洗浄者の立場で，会社やビジネスを悪用するとしたら？

グループ／グローバルベースでの対策

■親会社・本社の役割

　前述のとおり，マネロン・テロ資金供与は越境性があり，グローバルにビジネスを展開している企業では，各展開先で対策に取り組む必要があります。また，1つのグループで複数のビジネスを展開している場合には，各ビジネスに応じたリスク管理が求められます。

　一方，これらを親会社・本社だけで対応することには限界もあります。そこで，親会社・本社では，全体に通じる基本方針を定めて，各海外拠点に周知・浸透させ，その状況をモニタリングする統合機能を担うことが有用です。そのような手法は，リスクベース・アプローチにも適合します。グループ間でマネロン・テロ資金供与対策に用いるシステムやデータベースを共有すること等も効率的です。

　また，合併・買収等により，新たな企業やビジネスをグループに組み入れる際には，マネロン・テロ資金供与リスクについて適切にデュー・ディリジェンスを実施することも欠かせません。

■国・地域による違いの把握

　親会社・本社として，基本方針等による管理を行うとしても，ビジネス展開先の国・地域におけるマネロンやテロ資金供与のリスクを把握しておくことが必要です。その際に参考になる資料として，FATFの加盟国・地域が相互にマネロンリスクや対策の有効性等を審査する相互審査の結果があります。

　この結果は，右下図のとおり大きく3段階に分けて評価されていますので，各国のリスクの大きさや取組みの概要を把握することができます。

〈グループ／グローバルベースでのAML/CFT〉

〈主な国・地域の第4次相互審査結果〉

【通常フォローアップ国】3年後に改善状況を報告	スペイン，イタリア，ポルトガル，イギリス，イスラエル，ギリシャ，香港，ロシア，カナダ，フランス，オランダ
【重点フォローアップ国】1年後に改善状況を報告	ノルウェー，オーストラリア，ベルギー，マレーシア，オーストリア，シンガポール，スイス，米国，スウェーデン，デンマーク，アイルランド，メキシコ，サウジアラビア，中国，フィンランド，韓国，ニュージーランド，<u>日本</u>，ドイツ
【重点フォローアップ国】1年後に再審査	アイスランド，トルコ

有事（疑わしい取引）への対応

■疑わしい取引を検知できる仕組みの構築

　自社のビジネスがマネロンやテロ資金供与に利用されると，間接的であれ新たな犯罪被害に関与したという見方もされ，レピュテーションにも大きく影響します（国によっては，利用された企業が被害者から損害賠償を請求された事例もあるとされています）。

　そこで，マネロン・テロ資金供与が疑われる取引が行われた時には，適時にそれを検知する仕組みを構築する必要があります。

■ビジネスの現場への周知

　このリスクを最も検知できるのは，ビジネスの現場で顧客等に直接応対している担当者です。親会社・本社としては，そのような担当者の持つ嗅覚を機能させる取組みが求められます。

　ここで必要なのは，実務担当者に，個々の取引がマネロンやテロ資金供与に当たるかを判断してもらうことではなく，実務担当者として不自然さや違和感を察知した際，ただちに報告してもらうことです。

　そのためには，担当者が不自然さや違和感を抱くことができるためのポイントや基準を示すことが必要です。マネロンに使われやすい取引や対象（ツール），手口等を踏まえた実務上の確認ポイントを含む基準・マニュアルを策定し，実務担当者に周知しましょう。

■疑わしい取引への対応

　疑わしい取引は，申込段階で察知し，事前に停止することが最善です。そのために，あらかじめ，疑わしい取引であると認められる場合には，取引を停止する旨を契約書等で明記しておくことが必要です。

　また，疑わしい取引については，捜査当局等に対して報告義務を課している国が，日本や欧米を含め多くあります。本店・支店の所在地や取り扱う通貨等から，監督当局となる国・地域を確認し，速やかに報告しましょう。あわせて，当該取引を進めるべきか等についても指示・支援を仰ぎましょう。

　社内では，同じ顧客・取引先の他の取引や，当該取引の担当者が扱う他の取引を検証することも必要な場合があります。

疑わしい取引とは
➢ 犯罪収益であると疑うに足りる**合理的根拠**がある場合

・各社で収集された実例
・金融庁の参考事例
・各種報告書・レポート

会社としての基準・マニュアルを策定

以下の点も参考にしつつ，取引形態や取引対象等を踏まえて，実務担当者として不自然さを認識できる内容とする

➢ マネロンに使われやすい取引・ツール

Placement（配置）	現金取引，非対面取引，預金口座，暗号資産，貸金庫
Layering（複層化）	現金取引，資金調達目的の会社（SPC等），暗号資産の送金代行
Integration（統合）	不動産，貴金属，海外取引

➢ マネロンの手口の例

なりすまし	他人名義の口座や契約を用いて取引を行う
ペーパーカンパニー等の支配	他人が代表を務める法人（株式会社，特別目的会社（SPC），宗教法人等）を支配し，その法人名義で取引を行う
早期解約	本来的に想定されている契約期間満了前に現金化する（それにより元本を割ることも受容する）

➢ 実務上の確認ポイント

取引の内容	✓契約者の職業，資産状況，年齢等から不合理な取引内容になっていないか
取引の関係者	✓関係性が不明瞭な者が取引に関与していないか
取引の態様	✓不自然に非対面にこだわっていないか ✓取引を不自然に急いでいないか ✓多額の現金を取り扱う内容になっていないか

3－4　安全保障貿易管理

 ## 41　安全保障貿易管理の意義

■輸出管理から安全保障貿易管理へ

　1990年代初めの共産主義体制の崩壊後，テロ国家やテロリストによる破壊活動の拡大や大量破壊兵器の拡散が起こりました。1950年代に確立した西側諸国のココム体制による共産主義諸国向けの輸出管理体制は，このような国際情勢の変化により，武器，軍事転用可能な民生品・技術が，テロ国家やテロリストに渡らないことを目的に，国際的協調のもとに行われる「安全保障貿易管理」へと進展してきました。中国の軍事力の急速な増強や米中対立，ロシアによるウクライナ侵攻，イスラエルとパレスチナおよびイスラム諸国との対立等，最近の世界の安全保障環境の変化は，規制をより複雑にしています。

■わが国の法規制の中心は外為法

　わが国では，外国為替及び外国貿易法およびその政省令（以下「外為法」という）が対内直接投資および対外支払手段・輸出を規制してきたところですが，近時は上記のような国際的潮流にあわせて対内直接投資，対外支払手段・輸出の規制が強化されています。

■外為法違反は国際問題化することも

　東芝機械外為法違反事件（1987年）では，東芝機械が高性能工作機械を大型旋盤と偽ってソ連に輸出した事件で，実行者に懲役刑が科されただけでなく，ソ連の潜水艦技術が進歩し米海軍に危険を与えたとして，東芝グループ全社の製品が米国で輸入禁止処分になり，日米関係に悪影響を与えました。外為法違反は国際問題となる可能性がある重大リスクであることを認識すべきです。

■複雑な規制の理解が大切

　外為法の規制は，武器および通常兵器・大量破壊兵器に使用される可能性のある貨物や技術をリスト化して規制する「リスト規制」と，リスト規制品以外を補完的に規制する「キャッチオール規制」から構成されていますが，大変複雑です（右図参照）。規制の大枠を理解したうえで，経済産業省や専門家の手を借りながら適用の有無を判断する必要があります。

〈安全保障貿易管理のフロー図〉

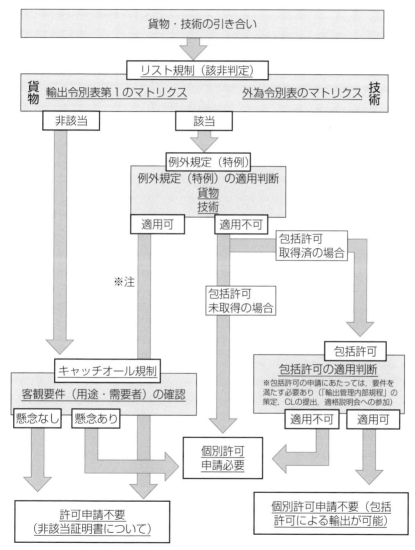

※注：少額特例を適用する場合には，客観要件の確認が必要。

（出所）経済産業省ホームページ「安全保障貿易管理/申請手続き」

42 安全保障貿易管理体制のポイント

■輸出者の要件該当性のリスク

　リスト規制では，輸出者が輸出貿易管理令のリスト掲載品目への該当性判断（非該判定）を行わなければなりません。また，キャッチオール規制では，指定された対象地域向け輸出品（リスト掲載品目を除く）が大量破壊兵器または通常兵器の開発等に用いられるおそれのある場合や，需要者が開発等に関与しているおそれがある者として外国ユーザーリストに掲載されている場合には，許可が必要とされています。そこで，これらの判定を誤るリスクを認識すべきです。

■外為法違反の事例からみるキーポイント

　経済産業省による外為法事例の分析によれば，安全保障貿易管理体制の整備・運用にあたっては，以下の点に留意すべきとされています。

① 　該非判定（規制対象となるかの該当性判定）の誤りによる違反が多いこと
② 　取引先からテロ国家等へ再輸出されることが多々あること
③ 　大量破壊兵器に関連する違反が多いこと

　以上から，該非判定，用途と需要者の確認，自社製品の核兵器，生物兵器または化学兵器への転用可能性の確認という３点を押さえるプロセスをしっかり構築し運用することが，安全保障貿易管理体制のキーポイントとなります。

■　安全保障貿易管理体制の手続のポイント

　安全保障貿易管理体制の手続（前項図）については，以下のようなポイントにも留意すべきです。

① 　安全保障貿易管理規定の制定およびその届出を行い，社内に周知すること
② 　該非判定を確実な知識により行い，かつ，規制対象品に該当するか否かにかかわらず，用途・需要者の確認をするための社内教育を十分行うこと

　一般財団法人安全保障貿易情報センターは，経済産業省の外郭団体で，安全保障貿易管理の知識・教育の提供や，該非判定の支援サービスを行っています。違反原因の半分以上を占める該非判定の誤りは知識・経験・社内教育の不足が原因ですので，同センターのサービスを利用しリスクに対応しましょう。

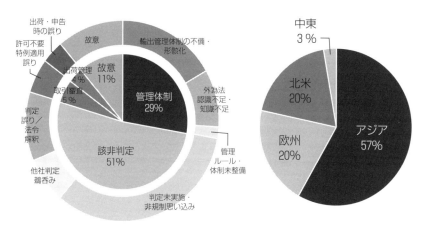

【外為法違反の原因の類型】　【外為法違反事案の仕向地域の割合】

【違反項目の割合】

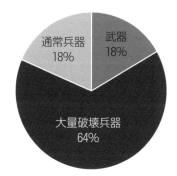

【違反項目の順位】

項番別上位10位

順位	項番	項目	割合
1	外2（1）	核燃料物質にかかる技術	11%
2	4（10）	プリプレグ製造用装置	9%
3	2（33）	圧力計	7%
4	外1（1）	銃砲又は銃砲弾にかかる技術	7%
5	2（12）	工作機械	5%
6	3（2）	化学用の貯蔵容器	4%
7	3（1）	化学用の反応器	4%
8	1（2）	爆発物	4%
9	2（1）	核燃料物質	4%
10	10（2）	光検出器	4%
-	その他		41%

（出所）経済産業省貿易経済協力局安全保障貿易検査官室「外為法違反事案分析（2021年度）」（令和 4 年 9 月）

有事の国内対応

■外為法違反の疑いが発生した時

　安全保障貿易情報センターは，社内監査などで無許可輸出などの明白な外為法違反が見つかった場合には，経済産業省の安全保障貿易検査官室に報告することを勧めています。

　しかし，報告するには，出荷停止をしたうえ事実を調査することが前提です。また，外国との接点がある企業の場合には，後述するように，弁護士依頼者秘匿特権で調査内容を守る必要が高い場合もあります。そこで調査の方針が重要です。

■調査の方針

　経済産業省では，自主管理の一環で違反を見つけて自主申告する場合には，基本的には再発防止指導にとどまることを基本方針としています。そして，違反事案を自主申告してきた場合には，その事案が貨物等の特性，最終用途・最終需要者等から判断し申請すれば許可がなされたであろう案件かどうか，故意や悪質性があるかどうか（法益侵害の程度が高いかどうか），外為法55条の10の輸出者等遵守基準を守っているかどうかといった点を踏まえて，処分に差をつけるという説明がなされています。

　上記を踏まえると，違反の疑いが生じた時には，以下のような方針に従い調査を実施していくべきであると考えられます。

　① 速やかに調査の体制を整えて調査を迅速に行う。海外子会社案件の場合は本社が完全に調査をコントロールする

　② 貨物等の該非判断の状況や，最終用途，最終需要者がわかっていたかどうか，大量破壊兵器の転用可能性をどう判断していたのか，故意の有無を明らかにする

　③ 調査対象者の部門に属する者は調査チームに入れず，調査チームの独立性を保持する。必要に応じ外部専門家を調査チームに入れる

　④ 影響が大きそうな案件については独立した調査委員会で行うことを検討する

〈外為法違反の疑いがある場合の自主的な調査フロー図〉

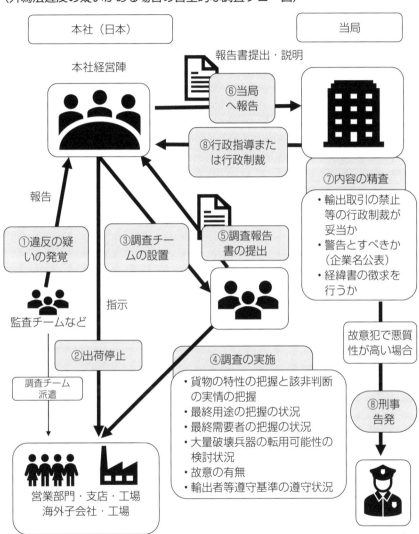

44　有事の海外対応

■米国とEUの規制内容

　米国は輸出規制に関する法律を海外の国にも適用する「域外規制」を行っています。EUでもEU域外の第三国から他の第三国への輸出品の調達，販売または供給のための取引の交渉または手配に日本企業が仲介貿易者として関与する場合（仲介規制）や，EU域外からEU税関管轄区域に入り，EU域外に向けて通過する貨物の取引の場合（通過規制），EU輸出管理規則が適用される可能性があります。外為法違反の疑いが生じた時には，米国やEUの輸出規制違反が問われる可能性を検討する必要があります。

■米国とEUでの有事対応

　米国やEUの輸出規制違反の疑いが判明した場合には，以下の理由から，ただちに輸出管理専門部門を持つ法律事務所と契約をして，弁護士依頼者秘匿特権の網をかぶせながら，弁護士の指示のもとでの調査を行う必要があります。

① 　秘匿特権の網をかぶせないと，不利なことでも一切当局に開示しなければならなくなる
② 　米国は輸出規制が最も複雑で，複数の連邦行政庁が調査に乗り出す可能性がある（右下表参照）
③ 　民事・刑事・行政の制裁が非常に重い
④ 　リーガルフィーが非常に高額であるため，初動対応を間違えると，対応費用が巨額に膨張する可能性がある

■その他の国の有事対応

　国際的な安全保障貿易管理レジームに参加している各国では規制には共通した点が見られますが，そうでない国もあり，さまざまです。また，それぞれの国によって司法制度も執行機関も違います。したがって，万一これらの国で有事が発生した場合には，国内の法律事務所を通じて当該国の法律事務所のアドバイスを速やかに求めたうえで行動することが重要です。

　なお，各国の貿易管理制度については日本貿易振興機構（ジェトロ）のホームページ（https://www.jetro.go.jp/world/）に概要が記載されていますので参照してください。

〈米国・EUの規制違反の疑いがある場合のフロー図〉

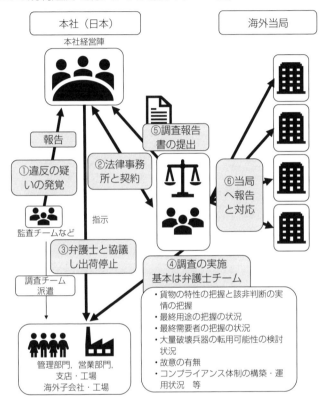

〈米国の輸出規制品目と管轄機関〉

	軍用・民生品目 (Dual-Use Items)	武器品目	経済制裁国
機関	商務省（DOC） 産業安全保障局（BIS）	国務省（DOS） 防衛取引管理局（DDTC）	財務省（DOT） 外国資産管理局（OFAC）
根拠	輸出管理法（EAA）	武器輸出管理法（AECA）	国際緊急経済権限法（IEEPA） 対敵国通商法（TWEA）
規制	輸出管理規制（EAR）	国際武器取引規則（ITAR）	連邦規則集第31編

（出所）一般財団法人安全保障貿易情報センター ウェブサイト

3－5　会計不正・有価証券報告書虚偽記載

 45　地域の特徴

■会計不正の分類

　本項では，「会計不正」は，財務諸表不正として，①資産・負債・収益・費用の過大（過少）計上／架空計上／簿外処理，②資産・負債・収益・費用の計上時期の操作，③不適切な情報開示に加え，資産の不正流用の結果生じた会計影響を念頭に置いています。

■地域別の会計不正の特徴

　2019年3月期～2023年3月期に公表された上場会社等の会計不正事案を見ると，国別では，日本企業の進出拠点数が最多である中国における事案が最も多く公表されています。非公表の事案でも，中国の事案が最も多いといわれます。一般的には，発展途上国より先進国のほうが単純な横領やキックバックのような不正より，手の込んだ会計不正が多い印象がありますが，どの地域においても手の込んだ会計不正は発生する可能性があり一概にはいえません。特徴といえば，正当化の理由に文化や商慣習を背景とした影響が見受けられることです。たとえば，ある国においては，裕福な者が貧困者に対して施しを与えるのは当たり前だという社会通念から，生活に困っているのであれば多少の横領は許されるだろうといったような考えが見られます。

■海外子会社における会計不正が与える影響

　会計不正がもたらす影響として日本（親会社）に与えるものは国内におけるものと基本的に同様ですが，海外における事案では，有事対応においてタイムラインがよりタイトになります。また，上場会社の場合には，日本における連結決算の開示にあたって，決算の延長の必要性や過年度の有価証券報告書等や内部統制報告書の訂正要否を迅速に検討する必要があり，有事対応のノウハウを持ったアドバイザーの採用も成否を左右するポイントになることがあります。

〈会計不正の分類と日本親会社と海外子会社に与える影響〉

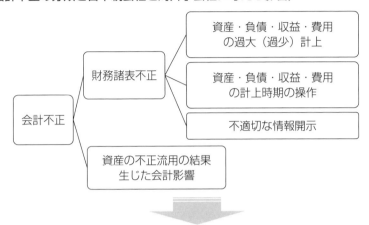

日本（親会社）に与える影響	海外（子会社）に与える影響
・財務諸表等への影響検討 ・有価証券報告書等の訂正 ・内部統制報告書の訂正 ・訂正監査 ・決算発表の延長	・実態解明調査（デジタル・ 　フォレンジック調査含む） ・現地法定監査における過年度決 　算書訂正

〈海外子会社における公表不正事案の地域別件数割合〉

3.1　9.4
21.9
18.8
46.9

■中国　■アジア（中国除く）　■北米・南米　　欧州　■その他

（注）2019年 3 月期～2023年 3 月期に公表された上場会社等171社の会計不正のうち，発生場所の判明
　　したもの
（出所）日本公認会計士協会「上場会社等における会計不正の動向（2023年版）」（2023年 7 月28日）を
　　基に筆者作成

46　海外グループ会社における会計不正の特徴

■海外子会社における会計不正リスク

　海外子会社における会計不正リスクを高める要因としては，まず第一に「海外」ということで，物理的な距離から監視の目が届きにくいことがあります。また，一般的に財務諸表不正は，経営者レベルで行われることが多いですが，第1章04で述べたように，日系企業の海外子会社においては，マネジメント経験や経理知識がない駐在員が経営者を務めることが多くあります。そうすると，会計リテラシーの低さが起因となり，罪の意識なく会計不正が行われるリスクが高まることとなります。また，経営者が会計数値の異常点に気づけないと，従業員による会計不正リスクも高まります。

■日系企業の海外子会社における不正事例

　「海外でこんなに大変な思いをしているのだから，少しぐらい許されるだろう」というマインドになったり，そもそも不正を不正だと思わないリテラシーの低さが不正リスクを高めることにつながっています。ひどいケースでは，会計監査を受けていたはずが，海外子会社の経営者の独断で親会社への報告なく，コスト削減を理由に会計監査を受けることをやめていた事例もあります。実際に右表のような事例が日系企業の海外子会社において起きています。

■海外駐在員による経営者不正の予防と発見の方法

　海外駐在員がマネジメントを務める場合には，教育・研修が重要となります。また，海外子会社においては，2線の管理部によるモニタリングが機能しなかったり，3線の内部監査は親会社に依存していたりするケースも多くあるため，親会社からもしっかり見てあげる，海外子会社側もしっかりと見てもらう仕組みと関係性を構築することは重要です。第1章13で述べたように，経営者不正については，内部通報制度による発見事例も多いです。内部通報制度はあるものの形骸化して機能していないケースも多くあるため，言語（英語だけでなく現地語への対応）や通報先を考慮した制度の構築と運用が求められます。

〈海外駐在員の典型的なバックグラウンド〉

マネジメント未経験（経理知識のない）の駐在員がいきなり社長になることが多い

〈海外駐在員社長の不正のトライアングルと事例〉

【事例】日本人駐在員（現地法人取締役）が在庫データの改ざんにより在庫の水増しを行い売上原価の過少計上を行った	
動機	グループ内でノンコア事業といわれ，利益を出さなければグループ内での立場がより弱くなるというプレッシャー
機会	・現地法人経営者として内部統制を無効化した ・物理的な距離から監視の目が届きにくい
正当化	・キャッシュ・アウトは生じていない ・本当に利益が出た期に帳尻を合わせるつもりだった

【事例】日本人駐在員（現地法人取締役）が売上計上の先送りを行った	
動機	・当期は業績が良かったため，翌期に利益を繰り越して平準化したかった ・節税になると考えた
機会	・現地法人経営者として内部統制を無効化した ・物理的な距離から監視の目が届きにくい
正当化	・会社のためであって自分の懐には入れていない（不正だと思っていない） ・売上や利益を水増ししているわけではなく，逆に少なく見せているだけである（不正だと思っていない）

予防統制・発見統制

■海外子会社における会計不正の予防策例（1線＆2線の効果）

　会計不正は経営者不正となるケースが多いですが，それでも，基礎となる内部統制が有効に機能していると予防効果があります。たとえば，基礎の"き"といえるぐらいの基本動作である，財務諸表の銀行預金残高と銀行取引記録の預金残高の照合や，財務諸表とその根拠資料（在庫明細や売掛金明細等）の合計額との照合さえしていれば気づけたケースもよくあります。逆にいうと，このように非常に単純で容易な照合作業すらできていない場合には，会計不正が実行されやすい状況となります。

■海外子会社における会計不正の発見策例（3線の効果）

　内部監査は1線・2線の統制機能を保証することが通常の役割ですが，3線の内部監査が機能して不正が発見されることは多くあります。ただし，日本の内部監査の専門家が日本の実務感覚だけを持って実施しても気づけないことも多いため，また，最近ではコロナの影響で海外出張ができなかったこともあり，現地の専門家に内部監査の全部または一部を委託するケースが多くなっています。大企業であれば，地域統括会社や海外子会社に内部監査部門を設けられることもありますが，人材の継続確保の難しさや品質の維持が難しいため，多くの企業では実現できていません。また，リモートでの監査が発達してきていることもあり，内部監査実施前に仕訳データや購買データを分析して，リスクの高いエリアを重点的に検証する等，データアナリティクスを採用する企業も増えています。

■取締役による監督（ガバナンスの効果）

　海外子会社での会計不正は経営者により実行されることが多く，海外子会社の非常勤役員は無報酬で名義だけというケースも多いので，経営者をいかに監督するかというガバナンスの強化や，取締役が相互牽制を図り，監査役等もしっかりと監督する機能が重要です。ただし，結局のところは，グループガバナンスとして，グループ本社からガバナンスを効かせることが求められます。そして，それすらもくぐり抜けてしまうことを想定した内部通報制度の設置もやはり重要です。

〈複数の矢で会計不正を抑止〉

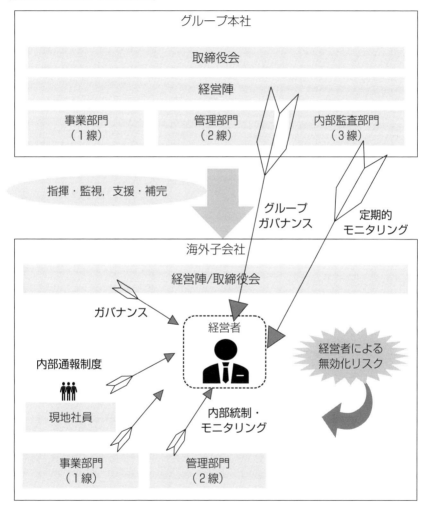

 有事対応

■海外における会計不正調査を遅延させる代表例

　右表のとおり，海外における調査を遅延させる要因はさまざまありますが，いずれかまたは複数が組み合わさって，予定どおりに進まずもどかしい思いをすることが多くあります。これらを遅延要因とさせないためには，徹底した進捗管理を行うことが基本です。リモートワークの定着によりWeb会議利用が多くなりましたが，海外子会社には2線や3線の機能が充実していないことも多いことから，状況を理解した人物が現地に乗り込んで，実態解明することが最速の対応となることも多いです。

■海外子会社における不正と有価証券報告書等の提出

　海外子会社における不正の実態解明には国内の場合より時間を要することが多いことは上記で述べたとおりですが，有価証券報告書等の提出は法定の提出期限があるため，実務上はその提出期限との戦いとなることが多いです。

■有価証券報告書等の提出期限の延長申請

　有価証券報告書等は，提出期限までに提出できない場合，延長申請を行うこととなります。また，調査中に新たな事案が発見された場合等に，再延長や再々延長が申請されるケースもありますが，単に実態解明が長期化しているだけでは延長は認められません。なお，延長後の提出期限までに提出できない場合には，上場廃止に至る可能性があります。そのため，提出期限までに提出できない場合や延長申請することは，投資家にとっては，上場廃止がちらつき，不安を与えかねません。延長申請は，企業にとってそうそう経験することではないため，関係当局への適切な説明や延長申請の実務に精通する専門家へアドバイスを求めることも有用です。

■海外事案でも求められる早期解明

　企業価値を毀損しないためには，国内事案であっても，より難易度の高い海外事案であっても，不祥事対応において，実態の早期解明を行うことが鉄則であることに変わりはありません。

〈海外における会計不正調査時に生じやすい遅延原因〉

長期休暇	ゴールデンウィーク，夏季休暇，クリスマス休暇（キリスト教），レバラン休暇（イスラム教），旧正月（中国，香港，タイ，ベトナムなど）
時差（日本との差）	• 特に北米（14〜18時間差），南米（12〜14時間差），欧州（8時間差）
危機感の温度差	• 日本の開示実務を現地の専門家も精通していない • 調査スケジュールのゴールが絶対的なものと認識されていない
言語	• 現地語でないと効果的なヒアリングができない • 資料の確認に時間を要する（特に英語や中国語など日本語へ翻訳できる専門家が多い言語以外）
その他	• 経営者不正の影響が及ぶ範囲を特定するためにデジタル・フォレンジック調査の実施を計画するが対応可能な専門家が見つからない。また，データの越境移転の問題が生じる。

〈上場会社の決算発表延期事例（3月決算会社年度末）〉

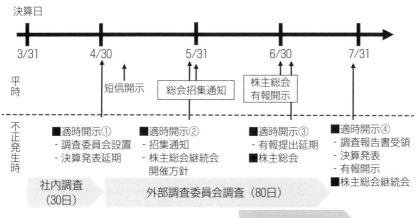

＊有報（有価証券報告書）

3－6　品質不正・検査データ偽装

 ビジネスリスク

　品質不正問題が生じた企業は多様なビジネスリスクに直面します。以下，素材・部品メーカーを例として説明します。

■納入先・エンドユーザーへの責任

　真っ先に対応が必要なのは製品の納入先です。早期に，不正事象の概要，発覚の経緯や今後の予定等をまとめて説明に回り，並行して，品質・性能・安全性の検証を行う必要があります。その結果を速やかに報告することも当然です。納入先からは徹底した調査と原因究明を求められることになります。

　さらに，製品の出荷停止，出荷済み製品の回収・交換や損害賠償請求をを求められる可能性もあります。納入先がリコールに踏み切れば，その対応のため巨額の費用が必要です。また，エンドユーザーに直接の損害を生じさせた場合には，直接に商品交換や補修の要求，損害賠償請求などを受ける可能性があります。当然，グローバル企業においては世界各国で同様の問題に直面することとなり，たとえば，米国などで集団訴訟が提起されれば，巨額の和解金支払を余儀なくされます。

■政府機関・関連業界団体からの反応

　製品の安全性への不安が生じ得る場合，各国政府機関の行政指導を受け，国内外の関連業界団体等から注意喚起がなされ，安全性の問題を中心に取引可否の再検証が広く呼びかけられる場合があります。たとえば，鉄鋼製品の品質偽装が問題となった事例では，欧州航空安全機関が，航空機メーカー等に関連製品の使用有無について再点検を指示し，安全性が確認されるまで対象製品を使用停止にすることを勧める，との通達が出されるなどしています。

■業績への影響とレピュテーションの毀損

　これらによる売上低下，対応費用の捻出による業績への影響は測りしれません。また，対象の製品だけでなく，他の製品も含めた，当該企業に対する信頼・レピュテーションの低下が顕著になります。その影響は中長期にわたって業績への重しになっていきます。

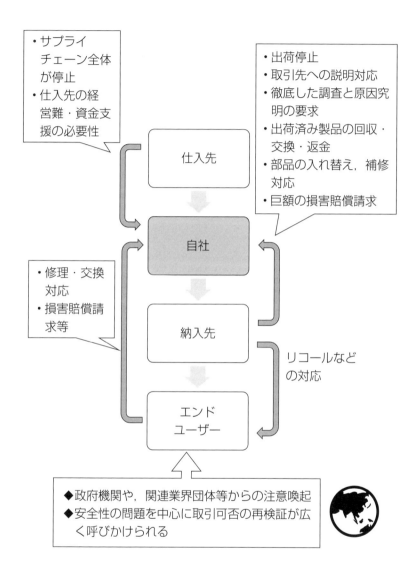

各種認証の取消し

■製品の認証

　企業が販売する製品には，各種の認証取得が必要な場合があります。これらの認証は，優れた品質・性能を保証してくれたり，各種の補助金を受領する前提としての役割を果たしたり，社会からの信頼性を高める役割を担うことがあります。

　日本国内の規格，海外の各国における規格，国際的な認証機関が定める規格などに基づき，政府・民間を問わず，さまざまな機関により発行される各種の認証が存在します。

　個別の製品の性能や安全性を保障する認証制度は以前からありますが，昨今は，サステナビリティ関連の認証，つまり，フェアトレード認証などの人権関連，脱炭素・気候変動対策関連の認証などの注目度が高まっています。

■認証の取消し

　品質不正が発覚した場合，これらの認証が取り消されることがあり得ます。各認証機関からは，事実関係と発生原因について報告を求められる可能性が高く，たとえばISO90001品質マネジメント規格への適合性が問題になるような場合は，個別の製品ではなく全社の体制に関する問題がクローズアップされることとなり大規模な対策が必要です。認証機関からの厳しい監査に応じることを求められる場合もあるでしょう。

　もし認証が取り消されればビジネスへの影響は非常に大きくなります。各取引先との契約において，特定の種類の認証を取得している製品を納入することが条件とされている場合があるからです。この場合には，取引先からの発注が止まり，大きなビジネス機会の喪失につながるでしょう。もし取引先が代替業者を見つけてしまえば，認証を再取得しても再び発注をもらえる可能性は低くなり，将来の売上・利益を失うことになります。

　認証再取得のための準備，検査などを，あらためて多くの時間と費用をかけて準備することとなります。

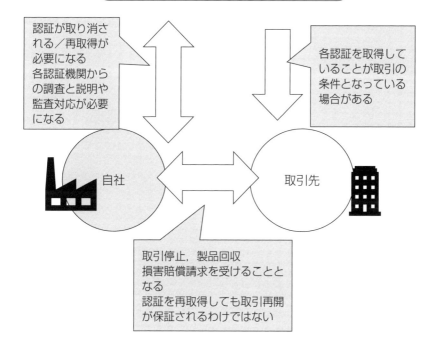

リーガルリスク

　品質不正問題が生じた場合，主に以下のようなリーガルリスクが，すべての活動地域において発生することになります。

■取引先・エンドユーザーに対する法的責任

　品質不正は，納入先や消費者との間に契約違反・不法行為に基づく損害賠償義務を生じさせます。これにより49でも説明したように巨額の損害賠償の問題が不可避的に発生し得ます。

■取締役・監査役等への責任追及

　品質不正問題が発端となり役員個人への責任追及が行われる場合があります。役員には，平時から品質管理体制について情報収集を適切に行い，有事には迅速な判断により企業の対応状況を監視・監督する姿勢が求められます。

■行政処分

　品質不正により消費者への安全性の問題がクローズアップされることが多くあります。この場合，行政から認証を受けている製品の認証が取り消されたり，許認可事業においては，製造停止や営業禁止，場合により許認可のはく奪などの厳しい処分が下されたりする可能性があり，事業継続上の死活問題となり得ます。また，景品表示法など各国の法制に従って，課徴金などの納付命令が課されるケースも考えられます。

■刑事罰

　製造の現場で，刑事罰は意外と意識されていない場合があります。しかし，品質不正が生じれば，不正競争防止法違反の刑罰が科される事例は多く存在しており，たとえば，鉄鋼メーカーの品質偽装事例では，法人に1億円の罰金刑が科された事案もあります。また，海外において刑事罰が科される場合には，詐欺罪が適用される事例もあります。たとえば，エアバックの品質問題が米国内で問われた事案では，企業への罰金のほか，開発に関わった幹部3名が詐欺罪で訴追されています。これらの傾向は，深刻な消費者被害が生じているような事案において顕著となりますので注意が必要です。

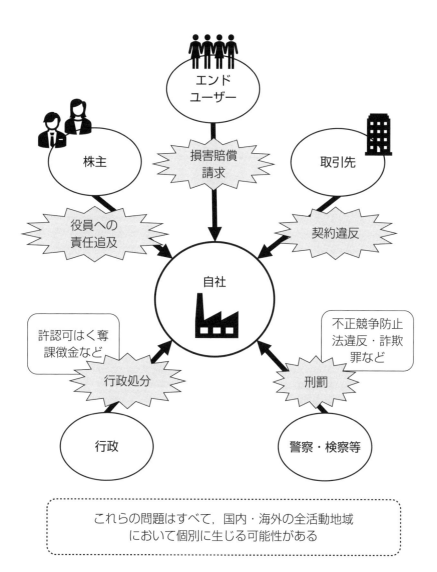

類　型

■品質不正の類型

　製品の開発段階，製造段階，出荷段階いずれでも品質不正は生じ得ます。その態様は，概ね，① 開発段階で品質・性能を偽る開発不正，② 製造段階における工程内検査の不正，③ 出荷前の完成品検査の不正，の3つに分かれます。また，②，③の検査不正は，a）決められた検査過程を逸脱する不正，b）検査結果を偽る不正の2種類があるといえます。

① 開発段階で品質・性能を偽る開発不正

　顧客から無理のある仕様要求を受けた場合，十分な開発期間が確保できない場合，他社より優れた性能・品質を確保すべきプレッシャーが強い場合などは，開発段階から試験結果を偽ったり，机上の理論値のみで要求基準が満たされたと取り扱ったりすることにより，品質不正を生じさせる場合があります。大手自動車会社で起こった燃費性能や安全性能を偽る不正などが典型です。開発段階での不正の多くは，各種認証への適合性の問題を伴うこととなります。

②③a）決められた検査過程を逸脱する検査不正

　顧客との契約，法令の要請で決められた検査過程などを逸脱した検査を行う不正です。②製造段階での工程内検査，③完成品への検査のいずれにおいても発生し得ます。この類型では，結果として品質に問題が生じていない場合でも不正と評価されます。近年見られた自動車の完成検査不正もこの類型です。

②③b）検査結果を偽る検査不正

　顧客に提出する検査報告書の内容を偽ってしまう不正の類型です。①開発不正，a）検査過程の逸脱がある場合は，検査結果を偽る不正を伴う可能性が高いですが，これらがない場合でも検査データのねつ造，改ざんが行われる場合も存在します。この不正も，②製造工程内検査，③完成検査いずれでも発生し得ます。この類型の不正が行われた場合，顧客に虚偽の性能・品質を報告することになるため，不正競争防止法の虚偽表示に該当する場面が発生します。また，海外の例に倣うと詐欺罪の適用を受ける可能性も考えられます。

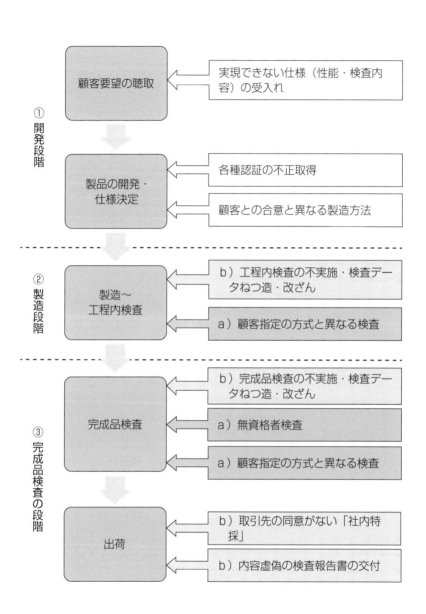

現場における発生原因

■不正のトライアングル

　第3章29にも述べたとおり，不正のトライアングルとは，①動機，②正当化，③機会，という3つの不正リスク要素が揃うと，人は不正行為を実行してしまう，という考え方です。

①動機

　動機とは，不正行為を実行することを欲する主観的事情をいいます。たとえば，営業や納期のプレッシャーがきつく十分な開発期間が取れない，検査に必要な機器・人員が不足しており業務を簡素化したい等の事情が挙げられます。

②正当化

　正当化とは，不正行為の実行を積極的に是認しようとする主観的な事情をいいます。たとえば，会社のためにやっているから仕方ないといった考え方を持つことです。法令には違反していないだろうとの誤解や，品質・安全性に自信があるから問題ないだろうとの誤った考えもよく見られます。

③機会

　機会とは，不正行為の実行を可能または容易にする客観的な職場環境をいいます。たとえば，データねつ造・改ざんが可能なシステムとなっている，社内のチェックが緩い，上司らは見て見ぬふりをしている，等の環境面の事情が挙げられます。

■企業の対策

　動機と正当化は行為者の内心の問題です。特に，多くの従業員に不正の正当化を許容させる精神状態や組織風土が蔓延すれば，根深い問題となります。企業は，平時から従業員の内心に働きかけ，不正を生む正当化事情は「正当でない」ことを明言し，誠実なモノづくりに向けた意識の醸成と健全な企業風土づくり，研修活動などに地道に取り組まなければなりません。

　一方，機会は客観面の問題です。企業としては，従業員の内心にかかわらず積極的な対策を打つことができます。不正の「機会」がどこに存在するか，どうすればこれを減らすことができるか，平時から能動的な対策が求められます。

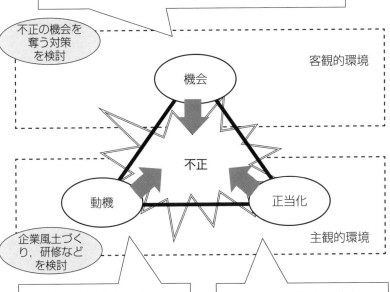

・そもそもデータねつ造・改ざんが可能なシステム
・社内チェックが緩い・ダブルチェック体制がない
・業務が属人化していて気づかれない
・上司らは見て見ぬふりをしている

不正の機会を
奪う対策
を検討

客観的環境

機会

不正

動機

正当化

主観的環境

企業風土づく
り，研修など
を検討

・営業・納期のプレッシャー
　がキツイ
・機器・人員の不足
・ひとたび始めたらやめられ
　ない／事態が判明した時の
　対応の手間を避けたい（隠
　ぺいしたい）
・自らの保身

・歴代の担当者も不正を行っ
　ていて幹部も知っている
・会社が必要な機器・人員を
　整えてくれない
・法令には違反していないと
　の誤解
・品質・安全性に問題ないと
　の考え
・そもそも不必要な検査項目
　があるとの考え
・不正をしたほうが会社の利
　益になるとの考え

54　組織全体における発生原因

　品質不正が現場の判断のみで実行される事例は極めて稀でしょう。現場が直面する発生原因（53参照）の背後には，たとえば以下のような組織的問題が存在することがほとんどです。

■経営陣からのプレッシャー

　ほとんどの品質不正の背後には，経営陣からの強いプレッシャーが存在しています。経営陣は，開発部門には他社より優れた製品を開発すべしと厳命し，営業部門には売上を追いかけさせ，製造部門には生産計画・コストを守るべしと指示し，品質保証部門には製造・出荷のスピードを緩めず納期を守り売上に協力するべしと求めます。現場にはこれらの強いプレッシャーが降りかかり，下記のような要因とも結びついて不正を生じさせます。

■顧客との関係性

　営業部門や開発・技術部門は，受注に向けた顧客からのプレッシャーにもさらされるため，顧客からの要望に迎合し，無理のある品質・コスト・納期（QCD）を受け入れてしまう傾向があります。そして，製造部門や品質保証部門も両部門の決定に抗うことは難しい傾向があります。

　一方，品質保証部門も，顧客からの厳しいクレームや製造ラインへの監査対応などに追われ，検査業務に手が回らない場合があります。これらの事情は品質保証部門の業務を圧迫し，やがて品質不正につながる場合も考えられます。

■品質保証部門の立場

　企業の実情としては，検査等を担当する品質保証部門について，製造部門からの独立性が低く，社内でのプレゼンス・発言力も低くなる傾向があります。その結果，予算も人員も不十分となる，有益な意見を言っても他部門に受け入れられない，という現象が生じ，結果として品質保証部門に過大な業務負担がかかったり，有用な業務改善策の遂行が滞ってしまう例が見られます。これらの事情もまた，検査不正の原因となり得ます。

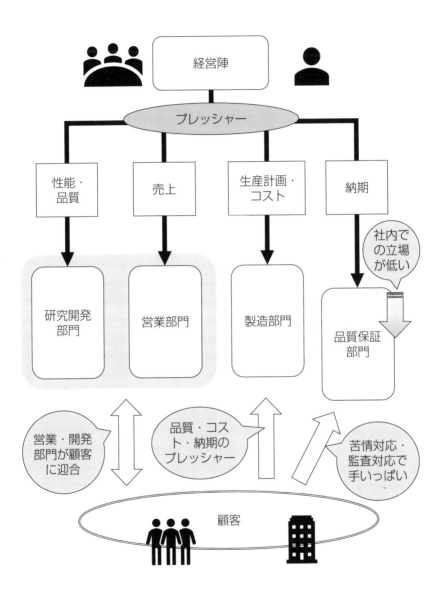

 **有事対応**

■初動調査
　経営陣には，必要な応急措置についての暫定的な経営判断が迫られます。ベースとなる事実関係を把握するためにも，ただちに調査チームを現地に派遣して初動調査を実施させます。

■出荷停止の判断
　被害の拡大防止の観点から，対象製品の出荷停止の判断が最も重要になります。初動調査の結果を踏まえ，出荷停止の期間・範囲の拡大，製品の回収，消費者等への広報，当局への報告など，矢継ぎ早な対応が必要となります。
　これらの応急措置にかかる経営判断は，不正の全容解明を待つまでもなく一刻も早く実行する必要があります。そのため，初動調査では調査の深度や粒度にこだわりすぎず，必要な情報を迅速に収集・把握することを優先します。初動で把握すべき事実関係を例示すると，右図の①～⑤が挙げられます。

■訴訟手続を意識した対応
　米国が製品の製造地や輸出先である場合，米国訴訟手続を意識する必要があります。裁判所から届く召喚状（Subpoena）への対応，訴訟手続におけるディスカバリを意識した弁護士依頼者秘匿特権の確保や文書・データ等の保全指示（Litigation Hold Notice）など，司法取引に向けた当局との折衝など，米国弁護士の助言を受けながら対応します。
　米国以外でも，各国の法制度を意識し，現地の専門家を起用した先回りの対策が必要です。

■ステークホルダー対応と本格調査
　上記の応急措置が決まった後は，速やかに各ステークホルダーへの説明対応に動かなければなりません。製品の出荷再開と企業としての信頼回復を目指すためには，本格調査により，徹底した事実関係の解明，原因の究明，再発防止策の実行が求められます。

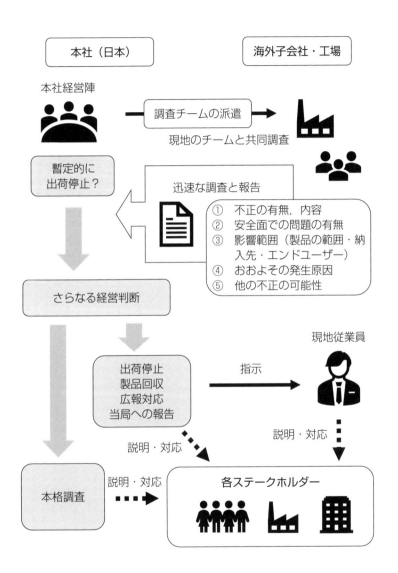

56　地域の特徴（腐敗指数）

　海外贈収賄防止・発見のために費やせる人的・物的資源を効率的に活用するためには，リスクベース・アプローチが重要です。贈収賄リスクが高い国のグループ会社を中心に資源を投下し，「どこにどのようなリスクがあるか」「そのリスクには，どのような対処が有効か」を考え，リスク管理を実践していくことになります。

■贈収賄リスクの高い国

　贈収賄リスクが高い国の認定基準としては，トランスペアレンシー・インターナショナルが公開している腐敗認識指数（Corruption Perceptions Index/CPI）が参考となります。当該指数は，スコアが高い国ほど贈収賄のリスクが低く，スコアが低い国ほど贈収賄のリスクが高いことを示しています。大きな地域としては，アフリカ，中南米，東南アジア（シンガポールを除く）の国がリスクが高いことになります。

　日本企業が多く進出している国（東洋経済ONLINEのランキング）のうち，贈収賄リスクが高い国としては，タイ，ベトナム，インドネシアが挙げられます。これらの国にグループ会社を持っている，または，これらの国にビジネスパートナーを有する会社は当該国の会社を重点的にリスク管理の対象とすべきです。

■リスクアセスメント

　各国における贈収賄の類型等に関しては，髙巖「外国公務員贈賄防止に係わる内部統制ガイダンス（R-BEC013）」（麗澤大学企業倫理研修センター，2014年）が参考になります。

　また，リスクの評価を行うためには，当地でのビジネス経験のある現場担当者および当地子会社からの情報収集が最も有効です。これらの担当者に，①更新のある許認可を取得しているか，②エージェントの起用実績があるか，③税務調査・労働局の査察を受けたことがあるか等の事情をヒアリングすることが考えられます。その他，現場の事情を考慮した具体的なアンケートを行うことも検討に値します。

〈腐敗認識指数〉

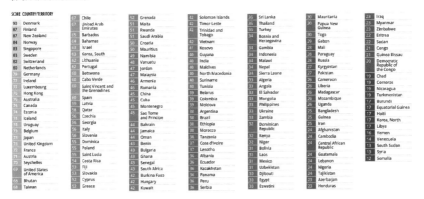

（出所）Transparency International　CORRUPTION PERCEPTIONS INDEX 2022

〈日本企業が多く進出している国の腐敗認識指数〉

進出数ランキング	国	現地法人数	腐敗ランキング	危険度
1	中国	6,862	65位	中
2	アメリカ	4,222	24位	低
3	タイ	2,753	101位	高
4	シンガポール	1,576	5位	低
5	ベトナム	1,467	77位	高
6	インドネシア	1,414	110位	高
7	香港（中国）	1,246	12位	低
8	台湾	1,206	25位	低
9	マレーシア	1,086	61位	中

（出所）東洋経済ONLINE「日本企業が進出している『国・地域』ランキング」（2023年5月8日）
　　（https://toyokeizai.net/articles/-/669377?page=2）　と「Corruption Perceptions Index
　　2022」を基に筆者作成

57　地域の特徴（規制内容）

■各国の贈収賄規制

　各国において贈収賄規制は異なりますので，各国の贈収賄規制を本社において把握しておくことはリスクマネジメントの第一歩となります。

　その際の整理のポイントは，①商業賄賂を禁止しているか，②一定額以下の金銭の授受については免除・立証責任の転換とされているか否かをまず整理する必要があります。

　①商業賄賂については，法改正により商業賄賂を禁じる国が増えており，最新の法改正の動向に注視する必要があります。また，シンガポールでは，9割以上が商業賄賂の摘発とされており，公務員でなければ問題ないとの発想は危険な状況となっています。また，商業賄賂を規制している中国においては，帳簿に記載されていない場合に商業賄賂と認定されるなどの特徴があるため各国の特徴を踏まえた対応が必要となります。

　②ベトナム・インドネシアは，一定額以下の金額については免除・立証責任の転換がなされています。中国では，執行基準が設けられる等しているため地域に合わせた規程等が必要となります。

　なお，日本の外国公務員贈賄罪も改正され（2024年4月1日施行），罰金・懲役刑の厳罰化および処罰範囲の拡大がなされており注意が必要です。

■域外適用

　日本法および当地の法令だけでなく，適用範囲が広く，かつ，罰則が重たい法令としてFCPAおよびイギリスのUK Bribery Act（以下「UKBA」といいます）が挙げられます。

　FCPAは，メールにアメリカ人が含まれている，米ドルで決済した等米国に関連して行為が行われた場合には，適用対象となる等適用対象が極めて広いため注意が必要です。またFCPAの特徴としてファシリテーションペイメントに関する支払の除外規定が設けられているという特徴もあります。

　UKBAでは，イギリスに拠点を有している場合，贈賄行為だけではなく，組織として贈賄防止体制を整えなかったという「不作為」も処罰の対象となる点，商業賄賂も対象としている点，法人に対する罰金の上限規定がない等の特徴があります。

1　各国の贈賄規制

国	罰則（複数類型がある場合は最低刑を記載）	特徴	商業賄賂
中国	5年以下の有期懲役または拘役	賄賂金額等により執行基準あり	○
タイ	原則5年以下の拘禁もしくは1万バーツの罰金	法人は実効的なコンプライアンス制度の存在を立証することで免責	×
シンガポール	3年以下の拘禁もしくは罰金，またはこれを併科	特になし	○
ベトナム	2,000万ドン以上2億ドン以下の罰金，3年以下の非拘禁措置または6カ月以上3年以下の拘禁	200万ドン未満の財物または利益については，条件次第で処罰の免除	○
インドネシア	1年以上5年以下の拘禁刑，5,000万ルピア以上2億5,000万ルピア以下の罰金またはその併科	利益の額が1,000万ルピア以上の場合は，受領者が賄賂でないこを立証する必要	○
マレーシア	20年以下の拘禁および罰金（謝礼の価格の5倍以上または1万リンギットのいずれか高い額以上）の併科	例外的に贈答品の受領を拒むことが困難な状況の場合には，受領が許容されている	○
日本	新法（2024年4月1日施行）により自然人には，3,000万円以下の罰金または10年以下の懲役の併科 法人には，10億円以下の罰金	日本企業の従業員であれば，従業員の国籍を問わず処罰可能となった	×

2　域外適用のある国

国	罰則（正式裁判の場合を想定）	適用除外	商業賄賂
アメリカ	法人：200万ドル以下の罰金または利得（損失）の2倍までの罰金 自然人：25万ドル以下の罰金または利得の2倍までの罰金，5年以下の禁錮刑または併科	ファシリテーションペイメントについて除外規定あり	×
イギリス	法人：金額上限なしの罰金 自然人：10年以下の禁錮，金額上限なしの罰金または併科	除外規定なし	○

平時からの準備

　グローバルに活躍する日本企業において，海外贈収賄の問題は，極めて大きく，かつ，身近なリスクとなっており，海外贈収賄防止に特化したプログラムを平時から策定しておく必要があります。平時の準備のためには，まずどのような場面で贈収賄が発生しやすいのかを確認する必要があります。

■賄賂要求の可能性が高い場面
　経済産業省「外国公務員贈賄防止指針のてびき」（以下「指針てびき」といいます）では，右図のように「企業が注意すべき場面」として12の行為類型を挙げています。まさに当該行為類型は，公務員との接点が生じる場面であり，贈収賄行為のリスクが高い場面といえます。まずは自社に該当する項目をチェックすることが重要です。

■防止体制の構築
　平時における準備体制として，①トップメッセージと②社内規程の策定・組織体制の整備が不可欠となります。
　①トップメッセージ
　まずは，本社トップが「目先の利益よりも法令遵守」「贈賄行為を行わない」という強い決意をグループ全体に簡潔かつ明確に示す必要があります。当該メッセージは，現場で賄賂要求と対峙する役職員の支えとなるよう，贈賄行為の禁止に加えて「要求があった場合には，本社を中心としたグループ全体で支援をする」等の支援のメッセージを含めるべきです。
　②社内規程の策定・組織体制の整備
　まず社内規程では，社内承認プロセスを明確化することが求められます。上記で述べた賄賂要求のリスクが高い行為類型ごとに承認要件，承認手続，記録，事後検証手続を具体的に記載します。
　組織体制としては，責任者の指名，相談・通報窓口の設置等が考えられます。体制構築の際には，本社からの「支援」の内容を明記し，組織内の「風通し」を確保し，本社に情報が集まる体制づくりが必要となります。
　その他，指針てびき7頁には，「体制整備はできてますか？」としてチェックシートも掲載されているので確認されることをお勧めします。

企業が注意すべき場面

01 税関関係	02 税務関係	03 入国管理関係	04 労働関係	05 建設関係	06 環境基準関係
通関手続のとき，窓口で通関をする見返り等で支払を要求	税務申告や税務監査のとき，金銭の支払を要求	ビザの発給や更新のとき，金銭の支払を要求	就労許可証の申請のとき，金銭の支払を要求	建築許可や工場操業許可の申請のとき，金銭の支払を要求	環境基準に関する認可申請のとき，金銭の支払を要求

07 商業関係	08 農水産品の輸出入関係	09 警察関係	10 司法関係	11 国営銀行	12 地方政府
商業施設などに関する証明書の取得やライセンスの申請のとき，金銭の支払を要求	農水産品の輸出入の許可申請のとき，金銭の支払を要求	交通違反があったと高額な罰金を課され，これを免除する見返りと称し金銭の支払いを要求	裁判官等から金銭の支払を要求	銀行手続を早急対応の見返りと称して，金銭の支払を要求	行政としての許認可の手続をする見返りと称して，金銭の支払を要求

(出典)「我が国企業の海外展開に係る外国公務員贈賄リスクの状況等に関する調査」を基に経済産業省知的財産政策室作成
https://www.meti.go.jp/policy/external_economy/zouwai/pdf/201709GaikokukoumuinzouwailitakuHearingtyousa.pdf

平時の準備事項（経済産業省「外国公務員贈賄防止指針」（以下「指針」）より）

経営トップの役割 指針 7 頁
●経営トップの姿勢やメッセージが重要。
●経営トップのみが誤った認識を断ち切ることができるので，経営トップの姿勢が全従業員に対して明確に，繰り返し示されることが効果的。
●基本方針を策定するとともに，基本方針の公表を通じて贈賄防止に向けた企業意思を発信することが重要。

基本方針
国内外の法令違反となる外国公務員贈賄行為を未然に防止するため，「目先の利益よりも法令遵守」という経営者の基本姿勢，および，外国公務員等に対し，当該国の贈賄罪または不正競争防止法の外国公務員贈賄罪に該当するような贈賄行為を行わないことが盛り込まれた基本方針を策定することが望ましいです。

社内規程の策定・組織体制の整備 指針 10頁
●外国公務員等と接する取引において，どのような手続で，誰が，どのような基準で，承認を出す，といった内容を定めた社内規程を策定することが重要。
●現場担当者が上司やコンプライアンス責任者に相談できる関係の構築や相談・通報を受け付けるための窓口の設置等，風通しの良い組織体制を整備することが効果的。

社内規程
たとえば，社内規程において，リスクに応じて上位の者が決裁するなど，行為類型ごとに承認要件，承認手続，記録，事後検証手続を定めること，また，SFPを原則禁止とするといった事項などを規定することが望ましいです。
なお，支払行為を詳細に記録化していることが対外的に公表・周知されると，賄賂を要求する外国公務員等への牽制効果を期待することもできます。

組織体制
たとえば，コンプライアンス担当役員，コンプライアンス統括責任者の指名，社内相談窓口および通報窓口の設置等が考えられます。
防止体制の運用においては，現場における具体的な贈賄の兆候を早期の対応に結びつけることができるよう，現場担当者が上司やコンプライアンス責任者に気軽に相談できるような，組織内の「風通し」を確保すること，子会社を含め，営業部門・営業担当者に対しては，実現困難な受注実績を求めるなど贈賄行為を行う動機を形成させないよう配慮することがポイントとなります。

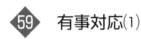

59　有事対応(1)

　賄賂を支払ってしまった場合はもちろん，賄賂を要求された時点で会社としては有事対応として対応する必要が生じます。

　有事の際の対応については，有事の際にとるべき行動を具体的に「有事対応マニュアル」において規定し，実践する必要があります。ここでは，有事対応の具体的な内容について解説します。

■賄賂支払前（要求段階）の対応

　賄賂の要求がなされる可能性が高い状況は一定程度類型化されます。要するに公務員等と接点を有する状況を分析すれば，それが賄賂要求が行われる可能性の高い状況となります。このような状況を類型化することで，担当者に入念な準備を行うよう要請します。

　次に，現在進行形で要求された際には，大きな声で話をする，明確に拒否する，本社の決裁が必要である旨説明する等とるべき具体的な行動を記載します。加えて，社内での報告・承認手段（報告内容についてもひな形を用意するなど明確にしておきます）を定めるとともに，いつまでに（たとえば「翌営業日」「24時間以内」等）何を行うのかを具体的に定めることになります。加えて，報告等を行った場合に上長および本社からどのような支援（現地専門家の費用負担や当該担当者の保護等）が受けられるのかというメリットも明記することで賄賂要求に直面する従業員に，要求に抗う勇気とモチベーションを付与します。

■賄賂支払後の対応

　賄賂を支払ってしまった事実が判明したり，疑義が生じたりした場合には，より緊急度を上げて対応する必要があります。当地での行動要請について，いつ何をするか具体的に記載することは要求段階の対応と変わりません。加えて，本社の積極的な関与のもと事実関係の調査や最終的な関与者の処分まで見越した対応が必要となります。

　付随して上長が自己保身等のために取り合わない場合等に備えて，グローバル内部通報制度を準備することも早期の発見統制として有効といえます。

1　賄賂提供前

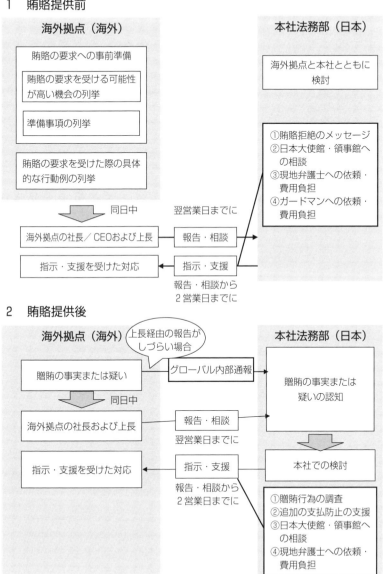

2　賄賂提供後

有事対応⑵

■有事の対応プロセス

　日本弁護士連合会「海外贈賄防止ガイダンス（手引）」12条の規定に基づき，海外拠点と本社とに分けて有事対応の流れを整理すると，右図のとおりとなります。

　②③は，調査に向けた事前準備であり，④ないし⑦については，調査結果に基づく事後対応となります。これらの対応を通じて，精度の高い調査を実施して詳細な事実関係を把握することが，⑤役員による経営判断，⑥捜査機関への対応，⑦原因分析・再発防止・関係者処分といった有事対応の成否を決めることになるため極めて重要となります。

　外国公務員贈賄事案は，概ね「外国公務員からの金銭等の要求→公務員との金額合意→社内の承認手続→資金の準備→公務員への金銭交付→社内の会計処理」という流れをたどります。各事実が認定可能か否かが，調査の肝となるため，これらの事実を5W1Hで詳細に認定していくことが求められます。

　なお，調査範囲の設定，検証すべき証拠，留意点等については，プロアクト法律事務所『図解　不祥事の社内調査がわかる本』71項をご参照ください。

■経営者のとるべき行動

　経営陣は，贈収賄により会社が被るダメージを最小限にするための方策を検討して行動することが求められ，これは役員に課された善管注意義務の一内容となります。

　そのため経営陣は，調査で明らかになった事実を基に，経営判断として，捜査機関への通報や自首，外務省およびJICAに設置された不正腐敗情報相談窓口への相談等の検討を行うことになります（海外贈賄防止ガイダンス12条）。また，検察官に対する合意制度の適用申入れも検討することになります（経済産業省「外国公務員贈賄防止指針」第2章4）。

　最後に，原因分析，再発防止策の策定および関係者の処分を行うことになりますが，とりわけ原因分析・再発防止策の策定については，本社だけではなくグループ全体に周知するように努めることでグループ全体の企業価値の再生につながることになります。そのためには原因分析・再発防止策については，英訳や現地語訳を行うことも検討すべきといえます。

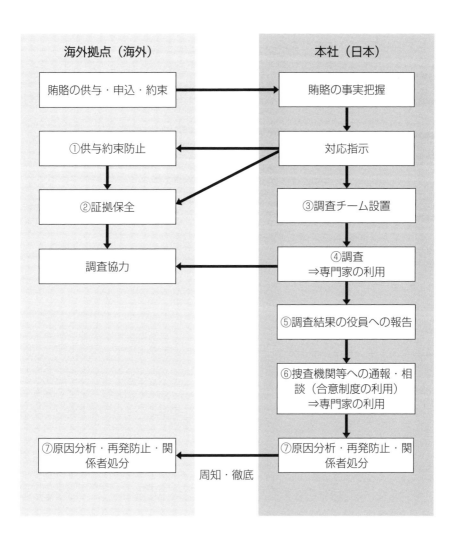

意義および制裁

■カルテルとは

　カルテルとは，公正取引委員会の定義によれば，事業者または業界団体の構成事業者が相互に連絡を取り合い，本来，各事業者が自主的に決めるべき商品の価格や販売・生産数量などを共同で取り決める行為とされています。

　このうち，外国競争法の適用を受ける市場において，複数の企業が，その経営の独立性を保ったまま，価格や生産制限，市場や販路等について協定を締結し，相互に競争を避けて利益を上げようとする行為は国際カルテルと呼ばれます。

■カルテルに対する規制・制裁

　カルテルは，競争を制限する行為として，各国の競争法で規制されています。日本では，独占禁止法３条が「不当な取引制限」の一類型としてこれを禁止し，違反した場合には，排除措置命令および課徴金納付命令が課されることとされています。

　日本以外でも，米国，EU，英国，中国を始め，多くの国の競争法でカルテルは禁止されており，米国やEUなどでは，積極的に摘発している動きがあります。国によっては，法人に対する制裁金だけでなく，役職員を刑事訴追し，実刑に処する事例もあります。

■日本企業が関与した国際カルテルの事例

　2010年代には，複数の日本企業に対し，自動車部品を対象とした国際カルテルにより，米国司法省や欧州委員会から5,000万ドルや１億ユーロを超える制裁が科されました。

　この事件では，自動車部品メーカーの役職員65名が刑事訴追されたとされています。役職員とその家族を守るためにも，競争法コンプライアンスを徹底することが欠かせません。

■欧米において日本企業が関与したカルテル事件（2002年〜）

1　欧州において制裁金が賦課された日本企業上位10社

	企業	年	制裁金額（€）	対象商品
1	YKK	2007	1億5,025万	ファスナー
2	三菱電機	2007	1億1,857万5,000	ガス絶縁開閉設備
3	東芝	2007	9,090万	ガス絶縁開閉設備
4	ブリヂストン	2009	5,850万	マリンホース
5	日立製作所	2007	5,175万	ガス絶縁開閉設備
6	ソニー	2007	4,719万	業務用ビデオテープ
7	電気化学工業	2007	4,700万	クロロプレンゴム
8	旭硝子	2011	4,513万5,000	ブラウン管ガラス
9	日本電気硝子	2011	4,320万	ブラウン管ガラス
10	日本航空	2020	3,570万	燃油サーチャージ

（注）2012年1月現在
（出所）欧州委員会ホームページに基づき公正取引委員会作成

2　米国において罰金が科された日本企業上位10社

	企業	年	制裁金額（$）	対象商品
1	古河電工（※）	2011	2億	ワイヤーハーネス
2	シャープ	2009	1億2,000万	液晶ディスプレイパネル
3	日本航空	2008	1億1,000万	国際航空貨物輸送運賃
4	エルピーダメモリ	2006	8,400万	DRAM
5	全日空	2010	7,300万	国際航空貨物輸送運賃および旅客運賃
6	パナソニック	2011	4,910万	冷却用コンプレッサー
7	日本貨物航空	2009	4,500万	国際航空貨物輸送運賃および旅客運賃
8	日立ディスプレイズ	2009	3,100万	液晶ディスプレイパネル
9	ブリヂストン	2011	2,800万	マリンホース
10	日本通運	2011	2,111万5,396	国際航空貨物輸送運賃

（注）2012年1月現在
（※）古河電工の罰金額については，2012年1月時点において連邦裁判所未承認
（出所）米国司法省反トラスト局ホームページに基づき公正取引委員会作成

（出所）2012年1月18日付事務総長定例会見記録配布資料を基に筆者作成

62　予防統制

■国際カルテルのリスクマネジメント

　国際カルテルは，各国の競争法が適用される可能性がある事案であり，これを防ぐためには，グローバルな視点でリスクマネジメントを推進する必要があります。

　そのためには，公正取引委員会が作成した「我が国企業における外国競争法コンプライアンスに関する取組状況について」が参考になります。ここでは，「対応の３本柱」と「３つのK」からなるリスク管理が推奨されています。

　対応の３本柱：一体性・広範性・柔軟性

　グローバルな競争法リスクマネジメントを推進するうえでは，「一体性」「広範性」「柔軟性」がポイントとなります。

　複数の国・地域にまたがる「広範」な競争法を意識して，親会社や海外傘下グループ会社が「一体」となって競争法リスクマネジメントに取り組み，有事の際には，各国競争法の制裁の違いも踏まえた「柔軟」で臨機応変な対応を行うことです。

　３つのK：研修，監査，危機管理

　このような３本柱を基に，グローバルな競争法リスクマネジメントを推進するためにとるべき具体的施策は，「研修等による未然防止」「監査等による確認と早期発見」「危機管理」に分類されます。

　それぞれの具体的な施策は右図のとおりですが，ここで重要なのは，このような施策を整備するだけで満足せず，それが従業員１人ひとり（特に，カルテルリスクの高い業務に関わる従業員）に浸透しているか，実際に各施策が機能しているかを定期的にモニタリングし，必要に応じて強化を図ることです。

外国競争法コンプライアンスの推進に向けて（報告書66頁）

リスク管理・回避の視点

独占禁止法コンプライアンスの推進を前提として，外国競争法の特徴を踏まえてリスクを的確に把握し，それを最小化していくという考え方が重要

外国競争法の特徴に関連するリスク

○ 外国競争法制及びその運用に係るリスク
- ▶ 違反行為に対する厳しい制裁
- ▶ カルテルに係る成立要件等の相違
- ▶ 調査妨害・非協力に対するペナルティ

○ 複数の国・地域の競争法の執行対象となるリスク
- ▶ 複数の国・地域の競争法の執行対象となり制裁を受ける可能性

対応の3本柱

1. 親会社及び海外傘下グループ会社による一体的対応（一体性）
2. 事業活動を行っている全ての国・地域の競争法を意識した広範な対応（広範性）
3. 我が国法制とは異なる外国競争法制の特徴を踏まえた柔軟な対応（柔軟性）

外国競争法コンプライアンス・プログラムを推進するための具体的方策

3つのK

Kenshu 研修等による未然防止
- □ 外国競争法コンプライアンス・マニュアルの策定
- □ 外国競争法に係る社内研修の実施
- □ 内外共通の法務相談体制の整備
- □ グローバル・ルールとしての各種社内ルールの整備

Kansa 監査等による確認と早期発見
- □ 外国競争法監査の実施
- □ 内外共通の内部通報制度の整備
- □ 外国競争法に係る社内リニエンシー
※社内リニエンシーとは，違反行為に関与した社員が自主的に所要の報告等を行った場合に，懲戒内容の軽減等を考慮することをいう。

Kikikanri 危機管理
- □ 親会社の経営トップのイニシアティブによる迅速な対応と的確な意思決定
- □ 外国競争法に係るリニエンシー制度の活用
- □ 一体的対応の基礎となる有事対処マニュアルの整備
- □ 親会社の経営トップのイニシアティブによる的確な社内調査の実施

外国競争法コンプライアンス・プログラム推進のための基礎となる体制
- □ 親会社の経営トップのコミットメントと世界規模での周知
- □ 外国競争法に係る担当者の指定等の体制整備
- □ 自社固有のリスクの特定とそれに対する対応

（出所）公正取引委員会「我が国企業における外国競争法コンプライアンスに関する取組状況について（概要）」（2015年3月27日）

63　発見統制

■国際カルテルの早期発見の重要性

　企業および従業員に対する制裁の大きさに加え，国際カルテルでは，リーニエンシー制度（64で後述）適用に向けて，カルテルに関与した企業間での競争もあるため，スピード感が求められます。

■早期発見に向けた体制

　国際カルテルの予防にあたっても，基本となるのは各レポーティングラインの活用です。以下，国際カルテルに対する各ラインの役割を解説します。

①　メインライン：レポーティングライン

　まずは，メインとなるレポーティングラインを機能させ，他社から価格調整等の働きかけ等があった場合には，ただちに事業部内の上長に報告することを現場で徹底することが欠かせません。

②　2線・3線による管理・監査

　また，管理部門（2線）による内部管理や監査部門（3線）による監査で発見されたリスク事象に対して，適切な調査，必要な部署への共有，取締役会等への報告をすることも必要です。

　これを機能させるために，管理部門や監査部門は，日ごろから，国際カルテルのリスク要素となる事実（たとえば，業界におけるシェア，新規参入の容易さ，価格競争の激しさ，商品・サービスの差別化の難しさ，業界団体の活動状況等）を踏まえて，各部門の国際カルテルのリスクの大きさを評価しておくことが求められます。同業他社との接触について，事前申請と事後報告を受ける仕組みをつくり，これをモニタリングすることも重要です。

③　サブライン：内部通報窓口，社内リーニエンシー

　①②で発見されることが望ましいですが，特に①のラインは機能不全に陥っている例も見られます。そこで，サブラインを整備しておくことが望ましく，特にカルテル事案では，社内リーニエンシー制度を導入している企業もあります。

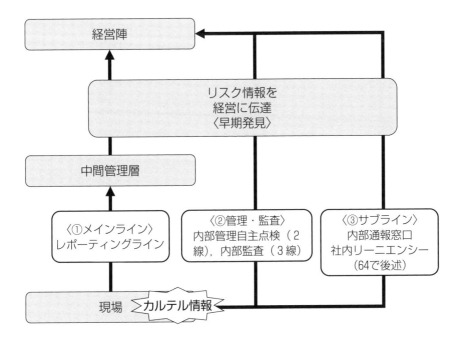

有事対応（リーニエンシー）

■リーニエンシー制度とは

　リーニエンシー制度とは，課徴金減免制度とも呼ばれ，自ら関与したカルテル等について，その違反内容等を公正取引委員会に自主的に報告することにより，課徴金が減免される制度です。

　日本のほか，米国やEU等各国の競争法でも採用されています。

　企業にとっては，自社がカルテルに関与していた場合に，競争当局に申告することにより，億単位に及ぶこともある課徴金が減免されるため，経済的な損失を防ぐことができるという点に加え，いち早く社内の調査を実行し，改善策につなげるという点でも，有事の際には積極的に活用すべき制度です。

■国際カルテルの場合のリーニエンシー制度の活用

　国際カルテルの場合には，複数の国・地域にまたがることがあり，どの国・地域のリーニエンシー制度を活用するか（どの競争当局に申告をするか）を判断する場面も出てきます。その判断にあたっては，各国リーニエンシー制度の要件や効果とともに，競争当局の執行や制裁の状況等を考慮する必要があります。この判断を迅速に行うためにも，平時から，自社のビジネスに関わる国・地域の競争法の執行状況やリーニエンシー制度について整理しておくことが有用です。

　リーニエンシーは他社よりも先に申請することが重要です。申請に向けた動きが漏えいしないよう，社内外の情報管理も徹底しましょう。

■リーニエンシー制度の活用に向けた調査・証拠保全

　リーニエンシー制度の適用を受けるには，会社として競争当局の調査に協力することになります。そのためには，会社として速やかに事実関係を調査し，その証拠（デジタルデータを含む）を保全し，提出することが必要です。

　国際カルテル事案では，本社主導で，各国の弁護士とも連携しながら，カルテルに関する証拠の保全や関係者のヒアリング等を速やかに進めましょう。また，海外とのコミュニケーションが必要となる場面もあるため，本社からの指示系統や指示すべき内容，収集した証拠の保管方法等を文書保存規程等であらかじめ明確にしておきましょう。

■日米欧のリーニエンシー制度

米国	・個人リーニエンシー制度を導入（EU，日本には個人リーニエンシー制度はない）。 ・免除は企業，個人を合わせて 1 位のみであり，2 位以下については，アムネスティ・プラス制度（他の関連市場で行われている違反行為を申告することで，当該事件の罰金も減額される制度）を除いてリーニエンシー制度を利用することはできない。ただし，2 位以下であっても有罪答弁を行ったうえで捜査に協力することにより，量刑ガイドラインの通常の協力による減額が認められる。 ・リーニエンシーによりカルテルが認定されると，民事損害賠償請求においては，共同被告のうち少なくとも 1 社がすでに有罪を認めたものとされることから，原告にとって「一応有利な証拠」が存在することになり，リーニエンシーをした被告を含めて被告側が不利な立場に置かれる。
EU	・欧州委員会による裁量が大きい。 ・2006年告示で制裁金減免を規定した。 ・重大な付加価値を提供した順位および付加価値の程度により減免率に差がある（1 位：100％，2 位：30〜50％，3 位：20〜30％，4 位以下：20%まで）。 ・全額免除を受けられない場合には，当局がすでに取得している証拠に対して「重要な付加価値」を与える証拠を提出する必要がある。 ・リーニエンシー獲得のためには，申請企業は通報後も引き続き欧州委員会の捜査に協力しなければならない
日本	・申請順位に応じた減免率に，調査への協力度合いに応じた減算率が加算され得る。 ・申請順位に応じた減免率は以下のとおり。 　［調査開始前］1 位：100%，2 位：20%，3 〜 5 位：10%，6 位：5 % 　［調査開始後］最大 3 社：10%（調査開始前の減免申請者と合わせて 5 社以内），それ以下：5 % ・協力度合いに応じた減算率は以下のとおり。 　［調査開始前］2 位以下：40%を上限に公正取引委員会・事業者間で合意 　［調査開始後］20%を上限に公正取引委員会・事業者間で合意

（出所）経済産業省「各国競争法の執行状況とコンプライアンス体制に関する報告書」（2015年 4 月24日）を基に筆者作成

65　社内リーニエンシー

■社内リーニエンシーとは

　前記のとおり，国際カルテルの早期発見に向けて，「社内リーニエンシー」制度を導入する企業もあります。社内リーニエンシーとは，規制当局が用いるリーニエンシー制度の社内版で，違反行為を行った従業員が自主的に報告等を行った場合に，その従業員への懲戒処分の内容等を軽減できる制度をいいます。

　競争当局に対して申告し，協力をするには，従業員の協力が欠かせず，それを促す意味でも，社内リーニエンシーは有効な制度です。

■社内リーニエンシー導入にあたっての検討事項

　社内リーニエンシー制度の導入にあたっては，その効果および要件を社内規程として定め，社内に周知する必要があります。社内規程の作成にあたっては，以下の点などが検討事項となります。

①　リーニエンシーの効果
　・軽減（免責）の効果につき，会社の裁量を残すか
　・懲戒処分の軽減に加えて，免責まで許容するか
②　リーニエンシーの要件
　・どのような項目を申告させるか
　・申告の前後により効果に違いを設けるか

　どのような効果・要件が適切かは，従業員の気質（申告への積極性等）や企業風土（隠ぺい等），懲戒処分制度の建付け等も踏まえた判断が必要です。また，競争当局による指摘の有無など，場面によって異なる効果・要件を定めることも考えられます。

■社内での申告手続

　申告にあたっては，会社として，社内調査や競争当局への申請を実施するにあたり，確認すべき項目をフォーマットとして定めておくことが有用です。また，法令上のリーニエンシーでは，申請の順番により効果に違いが生じるようになっており，社内でも同様の制度によりインセンティブを設けるかも検討事項となります。

社内リーニエンシー申告書（例）

●●部（法務コンプライアンス部門等）御中

20xx年 x 月 x 日

　私が関与したカルテル行為につき，下記の通り申告いたします。
　今後，本件について行われる社内外の調査に協力することを誓約いたします。

記

申請項目	回　　答
申告者の所属・氏名	
カルテルの対象となった商品・役務	
カルテルの行為態様	
カルテルが行われた期間・場所	
カルテルに関与した他の社内担当者	
カルテルの相手方	
現在の状況	
根拠資料	

以上

地域の特徴

■国際税務，税務コンプライアンスに関する地域の特徴

　一般的に，税務が難しいとされる地域には共通した特徴があります。特にインドネシア，フィリピン，ベトナム，カンボジアおよびインドに進出する日本企業の多くが「税務（法人税，移転価格課税など）の負担」について経営上の問題点として挙げています。これらの国においては，現行の正しいルールを把握することが一苦労であり，さらに，実務においてはルールの解釈に幅があるという点が難しさを高めています。

■意図せずコンプライアンス違反となるケース

　ルールから意図的に逸脱したり，アグレッシブな解釈をして過度な節税を試みたりするケースはわかりやすいコンプライアンス違反ですが，真面目に申告をし，課税逃れをするつもりなど毛頭なかった日本企業が，税務調査において指摘を受けるケースがよくあります。上述のような意図しないコンプライアンス違反が指摘され顕在化するのは，税務調査によるものがほとんどです。そのため，税務調査において不利な立場にならないよう，現地専門家の支援を得て適切なルールを把握しておくことはとても重要です。

■難しい経営判断

　どこの国においても，贈賄は禁止されているといえども，税務調査の担当官が賄賂を要求するケースは少なからずあります。贈賄は直接の支払であっても，コンサルタント等を経由した間接の支払であっても処罰の対象となります。また，「いくらなら払えるのか？」と次の係争に進まないギリギリのラインを税務調査担当官が探ってくるケースもよくあります。このケースでは，税務調査担当官自身が金銭を収受するわけでなくとも，これに応じると根拠がよくわからないまま支払が生じることとなります。日本の税務感覚とかけ離れたことが起き得るため，決して支払わないと徹底的に係争するか，違法な贈賄には応じないものの解釈の違いと捉えられる部分については合法的な範囲で妥結するかは非常に難しい判断が求められます。

〈投資環境のリスクや経営上の問題点として「税務」が上位にあがる国〉

国	順　位 回答率
インドネシア	3位（66.2%）
フィリピン	1位（63.4%）
ベトナム	4位（53.7%）
カンボジア	2位（62.2%）
インド	1位（69.1%）
バングラデシュ	2位（74.7%）
パキスタン	5位（51.1%）
シンガポール，マレーシア，タイ，ラオス，ミャンマー，スリランカ，中国，韓国，台湾，オーストラリア，ニュージーランド，北米，欧州	上位5項目には「税務」があがっていない

（出所）JETRO海外進出日系企業実態調査（アジア・オセアニア編/中国編/北米編/欧州編（2023年度）

〈税務が難しい国の一般的な特徴〉

比較項目	日　本	税務が難しい国
ルール・法律	明確に整備されている	不明瞭，未整備なケースが多い
法改正	年度ごとの税制改正	頻繁に改正
ガイドライン	明文化	明文化されていないケースが多い
法律と実務の整合性	一致	不一致なケースが多い
情報	Webサイト等から取得が容易，書籍が豊富	取得が困難，書籍等が不足
税務当局の姿勢	公平性	予算達成への高い意欲（国家予算に占める税収の割合が高い）

インドネシアにおける税務不祥事事例

■インドネシアの係争プロセス

　インドネシアでは，税務調査の結果に不服がある場合，異議申立て，税務裁判という流れで係争プロセスがあります。税務裁判で係争すると時間もコスト（裁判自体に係るコストではなく，税務コンサルタントへの報酬や，一時的に納税することによる資金の拘束等）もかかります。それでも，税務裁判まで進む日系企業は多くあり，また，納税者側が勝訴するケースも多くあるため，税務裁判をも見据えた対応が必要といえます。

■インドネシアの税務調査における重要局面

　税務調査が進捗すると，SPHP（Surat Pemberitahuan Hasil Pemeriksaan）と呼ばれる暫定的な発見事項が通知される書面があります。この前後がとても重要な局面となります。SPHPが発行された後，原則として7営業日以内に反論書を提出する必要があるため，膨大な論点を初見で対応するには時間的に非常に厳しくなります。そのため，税務調査官と密にコミュニケーションをとって，事前にSPHPに記載予定の論点を把握し，さらには無用な論点は記載すらさせないようにすることが重要です。

■インドネシアにおいてよくある事例

　右表のように，移転価格（単純な同業他社との利益水準比較）が適正でないとみなされ，売上原価の損金算入否認や，売上高の過少計上と指摘されるケースがあります。それに伴い，法人所得税のみならず，源泉徴収税や付加価値税についても支払不足があるとセットで指摘されるケースもあります。また，単純な利益率の比較だけでなく，機能・リスク・資産分析に基づき，指摘するケースも増加しています。ロイヤリティ，技術支援費，マネジメントフィーなど，関係会社への支払についても指摘されるケースがよくあります。他にも，申告書間の不整合，負債資本比率（過少資本税制），書類の不備（輸出入書類とVAT書類の不整合，情報の記入誤り，輸出書類の通貨や単位の記載誤りなど），日本人駐在員の帰国費用や車費用（50％は認められる）の指摘もよくみられます。

〈インドネシアにおける税務調査とその後の係争プロセス〉

〈インドネシアの税務調査の流れとポイント〉

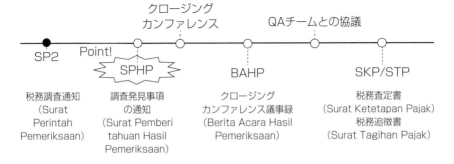

〈インドネシアの税務調査で論点になりやすい項目の事例〉

移転価格	インドネシア現地法人の比較対象会社に比べて利益率が低いのは日本親会社からの原材料の購入価格が高いためであるとし，売上原価の一部は配当であるとみなされたケースがあります。売上原価の損金算入が否認されるだけでなく，配当は源泉徴収税の対象であるため，源泉徴収も行っていなかったとみなされました。
ロイヤリティ	親会社へ支払う3％のロイヤリティに対価性がないとして，ロイヤリティの損金算入を否定された事例があります。親会社側では段階的に5％まで引き上げることを予定していたのにもかかわらず，3％が否認されました。しかし，その後，税務裁判まで進み，ロイヤリティの根拠を文書化して説明したことで，3％の損金算入が認められました。
財務諸表／申告書間の不整合	監査済財務諸表の売上高が付加価値税申告書上の売上高より大きかったため，付加価値税の納付不足を指摘された事例があります。 また，法人所得税の源泉徴収税申告書と付加価値税申告書の費用計上額が異なるとし，源泉所得税の徴収漏れの指摘や，VAT-INが否認される事例もあります。

フィリピンにおける税務不祥事事例

■フィリピンの係争プロセス

　フィリピンでは，税務調査の結果（最終確定通知（FDDA：Final Decision on Disputed Assessment））に不服がある場合，内国歳入庁（BIR：Bureau of Internal Revenue）長官へ再調査の申請をすることができ，拒否された場合や180日以内に反応がない場合には，税務裁判（CTA）への提訴という流れで係争プロセスがあります。また，FDDA受領後に，CTAへ提訴することも可能です。ただし，日系企業においては，時間とコストがかかり，結果が不透明な税務裁判へ進むことはあまり多くなく，税務調査の段階で決着することがほとんどです。

■フィリピンの税務調査における重要局面

　税務調査が進捗すると，NOD（Notice of Discrepancy）という差異の通知書類が発行されます。このNODは所轄税務署（District Office）の権限で発行されますが，次の段階で発行される初期評価通知（PAN：Preliminary Assessment Notice）は上部組織である地域本部（Regional Office）へ権限が移るため，交渉の難易度が高くなるといわれています。そのため，NODの段階で所轄税務署の担当官と密にコミュニケーションをとり，事前に論点を把握し早期に解消することが重要なポイントとなります。近年ではNOD発行前にスプレッドシートでInitial Findingとして，NODに記載する予定の論点を共有されるケースもあります。

■フィリピンにおいてよくある事例

　右表のように，財務諸表／申告書間の不整合，必要な書類の不備，源泉税の指摘がよくあります。証憑保管に関する規定は日本より厳しいものが要求される印象です。他にも，日本人駐在員を含む管理職に与えるフリンジベネフィット（社宅・社用車など）に関する指摘がよく見受けられます。なお，他の国で指摘の多い移転価格については事例がないのは特徴的です。しかしながら，2020年から移転価格文書化に関する通達が発表され，いずれ移転価格に関する指摘事例が出てくることが予想されます。

〈フィリピンにおける税務調査とその後の係争プロセス〉

内国歳入庁（BIR：Bureau of Internal Revenue）

〈フィリピンの税務調査の流れとポイント〉

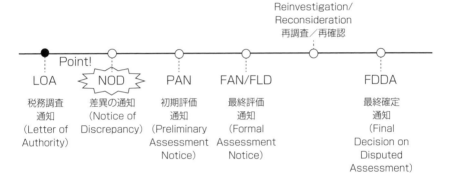

〈フィリピンの税務調査で論点になりやすい項目の事例〉

財務諸表／申告書間の不整合	フィリピンの税務申告書には別表がないため，会計と税務の認識基準が異なる項目は，加算・減算項目を自社で適切に管理する必要があります。この管理が適切にできていないと，税務調査での指摘に抗弁できず，課税されてしまうケースがあります。
損金算入やVAT認識に必要な書類の不備	国内仕入分について，BIRへの登録が義務づけられているSales invoiceなどの入手が必要ですが，適切な書類が入手できていなかったり，必須記載項目が漏れていたり，VATが別掲されていなかったりする場合には，損金算入を否認されるケースがよくあります。
源泉税	非常に細かく定められており，かつ，実務上の判断が困難なケースがあります。費用支払時の源泉徴収漏れや税額計算の誤り，源泉税の申告納税タイミングのズレにより指摘されるケースが多く見受けられます。

69　ベトナムにおける税務不祥事事例

■ベトナムの係争プロセス

　ベトナムの税務調査は，税務査察（Tax Inspection）と税務調査（Tax Audit）の２種類があります。基本的な流れはどちらも同じですが，税務査察は税法違反の端緒があった場合に実施されるなど，より複雑な事案に対して詳細な調査が行われる傾向にあります。税務査察（調査）の結果に不服がある場合，２段階で上位機関へ対し抗弁書を提出することができます。それでも不服の場合には，税務裁判所へ進むこととなります。日系企業においては，上位機関への抗議を行うケースはありますが，税務裁判は時間とコストがかかり，結果が不透明であるためそこまで進むことはあまりなく，税務裁判の前段階で決着することがほとんどです。

■ベトナムの税務調査における重要局面

　ベトナムの税務調査もインドネシアとフィリピンと同様に，指摘事項が書面で伝えられる前の段階で，税務調査担当官とうまくコミュニケーションをとることがポイントとなります。議事録（Minutes）が発行される前にドラフトを入手したり，スプレッドシートで内容を提示してもらったりして協議することが重要です。

■ベトナムにおいてよくある事例

　右表のように，移転価格（単純な同業他社との利益水準比較）が適正でないとみなされ，売上原価の損金算入否認や，売上高の過少計上と指摘されるケースがよくあります。また，インドネシアと同様に単純な利益率の比較だけでなく，機能・リスク・資産分析に基づき，指摘するケースも少しずつ増加しています。また，ロイヤリティ，技術支援費，マネジメントフィーなど，関係会社への支払についても指摘されるケースがよくあります。他には，必要書類の不備によるVAT-INの否認や，外国契約者税（FCT：Foreign Contractor Tax）で総額に対しての課税か純額に対する課税かといった見解相違により更正される事例もあります。

〈ベトナムにおける税務調査とその後の係争プロセス〉

〈ベトナムの税務調査の流れとポイント〉

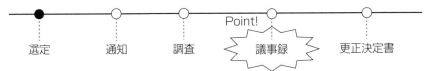

〈ベトナムの税務調査で論点になりやすい項目の事例〉

移転価格	会社が選定した比較対象会社について，ベトナム企業でない，業種が異なる等を理由に選定が適切でないと指摘し，税務調査担当官が独自の比較対象会社を用いて，更正される事例があります。
ロイヤリティ	設立から10年が経過した日系企業に対して，設立当初は技術移転の効果が高くロイヤリティの対価性があったかもしれないが，10年間で技術移転はほとんど完了しているとして，ロイヤリティの損金算入を否定された事例があります。
外国契約者税（FCT）	FCTは外国契約者がベトナム法人へサービス提供した際に生じる外国契約者がベトナム国内で納税すべき税金を，ベトナム法人が代わりに源泉徴収するベトナム特有の税制です。取引先となる外国契約者の理解を得る必要があり，申告漏れや誤りが生じやすい税目です。

3−10　非財務（ESG）情報の開示不正

 70　ESG開示不正のトライアングル分析

■ESG情報の開示における不正のトライアングル

　第3章29でも述べたとおり，不正行為は，動機，機会，正当化の3要素（不正のトライアングル）が揃ったときに発生するといわれます。この不正のトライアングルをESG投融資の視点から考察すると，ESG開示を取り巻く昨今の状況は，3要素が揃った危険な状況にあるといえます。

ESGへの取組みに対するプレッシャーの増加（動機）

　機関投資家の間でESG投資への関心が高まるにつれ，ESGに関する前向きな目標設定や将来予測をし，その達成をできるだけ早く報告するよう，企業の経営者に大きなプレッシャーがかかってきます。機関投資家や金融機関は，企業の経営者に対して，ESG課題に対してどのように取り組んでいるのか質問し，意味のある回答が得られない場合には資金の引き揚げを示唆するようになります。大手製造企業は，自社の原材料調達先や販売代理店に対して，一定以上のESG評価スコアを得ることを求めるようになります。企業の経営者は，自社のESGに対する取組みを少しでも良く見せたいと考えるようになります。

未整備なESGに関する法規制（機会）

　ESGに関する法規制は未整備です。世界中を見渡しても，ESG情報の開示に関して未だに限られた基準書やガイダンス等しか存在していません。企業は，日々新しくなる法令やガイダンスをキャッチアップするのに精一杯で，有効な内部統制やガバナンス体制を整備することができていません。投資家も，ESG情報を有効に分析するノウハウが未だに蓄積できておらず，投資先の企業に対して有効なチェック機能を果たせていません。

ESGの前進は社会の美徳（正当化）

　一般に，ESGに対する取組みは社会にとってよいことだと考えられています。そのため，企業経営者は，ESGへの取組みを前進させるために多少過大な報告をすることは許容されるはずだと考えがちです。

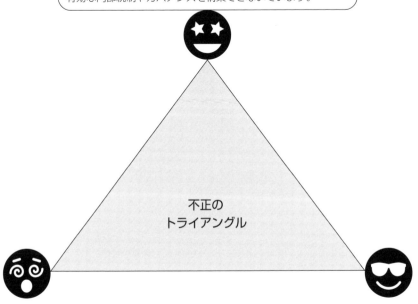

機　会
ESG情報の開示に関するグローバル基準の開発は始まったばかりであり，情報利用者の分析能力も未だに開発途上です。企業は，日々新しくなるルールをキャッチアップするのに精一杯で，有効な内部統制やガバナンスを構築できないでいます。

不正の
トライアングル

動機・プレッシャー
経営者に対して，ESGの目標や将来予測を立てて，その達成を報告するよう大きな圧力がかかっています。
ESG投資への関心が高まるにつれ，経営者は自社のESGへの取組みを少しでもよく見せたい，実現したように見せかけたいと考えるようになります。

正当化
ESGは，社会にとってよいことだから，ESGの取組みを前進させるために多少過大な報告をすることは許される，という考えに陥るおそれがあります。

71　開示不正の類型とウォッシュ

■グリーンウォッシュ・ESGウォッシュ

　環境に配慮しているように装いごまかす行為を「グリーンウォッシュ」といいます。アメリカの第三者安全技術機関であるULソリューションズは，右表のようにグリーンウォッシュを7つの罪に分類しています。

　また，社会（S）やガバナンス（G）を含めESGに配慮しているように装いごまかす行為を「ESGウォッシュ」といいます。ESGに関する不正行為には，違法な行為だけでなく，それが合法であっても，社会的非難に値する行為も含まれます。ESGの類型別には，以下のような不正行為の例があります。

ESGの類型別不正行為の例：環境（E）

・環境基準に合致する商品と合致しない商品が混在しているにもかかわらず，すべての商品が環境基準に合致していると報告する行為
・GHG（温室効果ガス）排出量の算定対象となっている子会社等の範囲を意図的に操作することで，GHG排出量の削減効果を過大に表示する行為

ESGの類型別不正行為の例：社会（S）

・企業がサプライチェーンの関係者と共謀して，コンプライアンスに違反する労働条件（極端な場合には人身売買や現代奴隷など）を課しているにもかかわらず，それを偽装・隠ぺいするような行為
・多様で包括的な職場環境へのコミットメントを示すために，多様性，公平性，包括性（DE&I）に関するデータを故意に改ざんしたり，有利な数値を算定するために算定式を意図的に変更したりするような行為

ESGの類型別不正行為の例：ガバナンス（G）

・取引上の便益を図るために賄賂を渡す行為
・贈収賄のようなコンプライアンス違反に関するデータを隠ぺいまたは故意に改ざんする行為
・海外のタックス・シェルターを利用して不当に税金を安くする行為

〈グリーンウォッシュの 7 つの罪〉

① 【隠れたトレードオフの罪（Sin of the hidden trade-off）】
他の重要な環境問題に目をつぶって，狭い範囲の属性に基づいて製品がグリーンであると主張すること。
② 【証明しないことの罪（Sin of no proof）】
容易に入手可能な証拠または信頼できる第三者による証明書に裏づけられていないのにグリーンであると主張すること。
③ 【曖昧さの罪（Sin of vagueness）】
定義がいい加減または広範囲であるため本当の意味が消費者に誤解されやすい主張をすること。
④ 【偽りのラベル崇拝の罪（Sin of worshiping false labels）】
第三者が認証していないにもかかわらず，言葉やイメージによって第三者が認証しているような印象を与えること。偽ラベルともいう。
⑤ 【的外れの罪（Sin of irrelevance）】
嘘ではないかもしれないが，消費者が環境によい製品を選別するうえで，重要でないまたは役に立たない主張をすること。
⑥ 【環境に悪いもののうち，かろうじてよいほうを「環境によい」と宣伝する罪（Sin of lesser of two evils）】
その製品カテゴリーのなかでは真実かもしれないが，その製品カテゴリー自体のより広い環境インパクトについて誤解させるリスクがある主張をすること。
⑦ 【嘘をつく罪（Sin of fibbing）】
環境に関して単純に間違いである主張をすること。

72 日本における開示不正の事例

■非財務情報の不正

　70でESG投資に関する不正のトライアングルを示したように，非財務情報についても不正は起こり得ます。日本における非財務情報開示の充実も進んでいますが，特に欧州では先行して法令が整備されているため，今後，不正事例が出てくることが想定されます。

■日本における非財務情報の開示規制

　有価証券報告書等において，「サステナビリティに関する考え方及び取組」の記載欄が新設され，サステナビリティ情報の開示が求められています。

　サステナビリティ情報の記載にあたっての留意事項として，「記載した将来情報が，実際の結果と異なる場合でも，一般的に合理的と考えられる範囲で具体的な説明が記載されている場合には，直ちに虚偽記載等の責任を負うものではない」，詳細情報について，他の公表書類（統合報告書，データブック等）の参照も可能とし，「参照先の書類に明らかに重要な虚偽記載があることを知りながら参照するなど，当該参照する旨の記載自体が有価証券報告書の重要な虚偽記載になりうる場合を除けば，単に任意開示書類の虚偽記載のみをもって，金融商品取引法の罰則や課徴金が課されることにはならない」と金融庁は解説し，企業の積極的な情報開示を後押ししています。

■日本における非財務情報の虚偽記載事例

　これまで，非財務情報の虚偽記載が問題となった事例は多くありませんが，2019年に日産自動車株式会社の役員報酬に関する情報の虚偽記載が話題となりました。また，同年には日本フォームサービス株式会社が有価証券報告書におけるコーポレート・ガバナンスの記載が実態と異なっていたことが，第三者委員会による調査により明らかにされ，課徴金納付命令が下されました。同社株式は最終的に公開買付け後，上場廃止となりました。本事例は，ガバナンス（G）の虚偽記載ですが，日本においても今後は環境（E）や社会（S）に関する開示についても，虚偽記載の事例が増加していくことが予想されます。

〈日本フォームサービス株式会社の事例の概要〉

記　載	実　態
「取締役会は有価証券報告書提出日現在，3 名の取締役で構成され，原則月 1 回開催の定例の取締役会を開催し，重要事項はすべて付議され，業績の進捗についても議論し，対策を検討しております。」	取締役会を年 3 回しか開催しておらず，また，取締役会において重要事項の大部分が付議されていなかった。
監査役は，「取締役会をはじめ，経営会議，開発会議等の重要な会議に出席し，取締役の業務執行について厳正な監査を行っております」	常勤監査役は，これらの会議に出席してはいるものの，取締役の業務執行に関して何ら監査していないなど，監査役は厳正な監査を行っていなかった。
会社が実施している内部統制システムの内容について •「コンプライアンス担当取締役を任命し，監査室を設け全社のコンプライアンスの取組みを横断的に統括することとし，同部を中心に役職員教育を行う。監査室は，コンプライアンスの状況を監査する（省略）。」 •「監査役は，代表取締役社長，監査法人とそれぞれ定期的に意見交換会を開催するものとする。」 •「（省略）子会社における内部統制の実効性を高める施策を実施するとともに，必要な子会社への指導・支援を実施する。」また，「（省略）子会社の内部統制の状況について，年 2 回及び必要と判断する都度，当社取締役会に報告する。」	•コンプライアンス担当取締役を任命したことはなく，また，監査室も業務分掌規程で規定したのみで実体がなかった。 •監査役は，会計監査人との間で意見交換を行ったことがなかった。 •会社は，これらの施策や指導・支援を行っておらず，また，内部統制の状況について取締役会に報告していなかった。
監査役は，「監査人との連携を図るために，決算期並びに必要な都度ミーティングを行い，現状の監査状況及び業務執行に対して意見交換を行っております。」	監査役は，会計監査人との間で意見交換を行ったことがなかった。

〈日本フォームサービス株式会社の事例の時系列〉

時　期	事　象
2019年 6 月	第三者委員会調査報告書受領
2019年 8 月	特設注意市場銘柄の指定および上場契約違約金の徴求
2020年 1 月	金融庁による課徴金納付命令
2021年 2 月	NFS株式会社による株式公開買付け成立
2021年 4 月	上場廃止

本書の刊行に寄せて

　海外事業を展開している日本企業にとって，海外で起きる不祥事への対応は身近なテーマですが，難しい課題であると考えている企業がほとんどではないでしょうか。

　海外では日本では考えられないような単純でわかりやすい不祥事が起きますが，そうした場合，いかにも管理ができていないように見えてしまいます。本社のガバナンスに問題があると捉えられやすく，トップマネジメントの管理責任も問われかねません。経済的な損失は大きくなかったとしても，会社にとって大きなレピュテーションリスクになります。

　また，海外で起きた不祥事は，日本の感覚では思いもよらない影響が生じることがあります。ESGへの関心は国によって受け止め方に差がありますが，欧米の一部の先進国はESGに関連する不祥事を厳しく見ており，規制も強化されています。本来は，本社がこうした情報を海外に展開しなければなりませんが，本社にリテラシーがなければ，本社で直接コントロールしようとする意識が薄く，現地で起きていることは現地で対応して欲しいと考えがちです。

　海外不祥事は，管理部門の国際化という課題を投げかけています。本社の管理部門の国際化だけでなく，現地の管理部門を本社が求める国際的な水準に引き上げるという目線も必要です。海外は人も風土も異なりますが，現地の管理水準に対し，良いものは良いと判断し，許容できないものは許容できないと判断し，本社として求める管理水準を伝えていかなければなりません。

　これは容易なことではありません。管理部門の業務は，法律，税，社会の諸制度の理解を前提としていますが，これらは日本語で話したとしても高度に抽象的な議論です。まして，海外の諸制度を理解することは，たとえ語学ができたとしても容易ではなく，コミュニケーションに困難さが伴います。それでも日本企業はこの課題に取り組み続けなければならないでしょう。

　本書が，こうした課題に取り組まれている当事者の方々だけでなく，明日か

ら取り組まなければならなくなるかもしれない方々にとって，会社を守るうえ
で大きな学びになることを願っています。

　2024年4月

　　　　　　　　　　　　　　　　太陽グラントソントン・アドバイザーズ株式会社

　　　　　　　　　　　　　　　　　　代表取締役　梶川　融

監修のことば

　今日，企業を取り巻く経営環境は，地政学的リスクを含めて複雑化しています。一方で，民間企業にとって，一定のリスクを覚悟した経営を行わなければ，大きな発展も期待できません。その際，企業の持続的な発展（サステナビリティ）のためには，環境・社会・企業統治に配慮したESG経営も同時に求められています。

　リスクを取る経営への対応を「攻めのガバナンス」という表現を用いれば，不祥事を発生させないようなリスク管理や一度発生したときの迅速な対応を行うことが「守りのガバナンス」となります。企業にとって，「攻めのガバナンス」と「守りのガバナンス」が両輪となった経営を行うことが重要です。

　しかし，現実的には，「攻めのガバナンス」を重視する一方で「守りのガバナンス」が疎かになり，結果として不祥事が大きくメディアに報道されている事例が散見されます。重大な不祥事が発生すれば，株主や債権者にとどまらず，会社の役職員をはじめ多くの利害関係者（ステークホルダー）に多大な影響を及ぼします。しかも，機動的な会社経営を行ううえで，事業の子会社化や他社をグループ会社化する手法を採用することが一般的となっている中，「グループガバナンス」の重要性がますます高まっています。今日では，グループガバナンスを含めたグループとしての競争力が問われている時代です。加えて，わが国企業のグローバル化の進展に伴って，海外に展開するグループ会社も含めたリスク対応が必要です。

　海外グループ会社は，日本の親会社の管理の目が届きにくいという地理的・物理的な問題にとどまらず，現地特有の法令や文化・慣習があることから，日本国内のグループ会社管理と比較して困難が伴います。だからこそ，海外グループ会社が注意すべき不祥事を適切に認識したうえで，仮に不祥事が発生した際の具体的な対応を理解し，企業実務に落とし込んでいくことが極めて重要となります。

　本書は，企業のリスク管理対応の分野で著名なプロアクト法律事務所の弁護士・公認不正検査士とグローバル会計に精通している太陽グラントソントン・アドバイザーズ株式会社所属の公認会計士らが共著者となって，グローバルの領域で発生し得る企業不祥事対応について，ESG経営の視点も踏まえてわかりやすく解説している書籍です。

　グローバル展開を行っている親会社およびそのグループ会社において，法務等のコーポレート部門に限らず，現場の役職員にとっても多くの示唆に富む内容であり，実効性が伴うグループ全体の内部統制システムを整備・確認するうえでとても有益な書籍となっています。企業関係者が本書を大いに参考にして，具体的実務に活かされることを祈念しています。

　2024年4月

獨協大学法学部　教授
プロアクト法律事務所　顧問

高橋　均

【編著者紹介】

■編者

竹内 朗（たけうち　あきら）
弁護士，公認不正検査士
1990年早稲田大学法学部卒，96年弁護士登録（第48期），2001〜06年日興コーディアル証券株式会社（現SMBC日興証券株式会社）法務部勤務，06〜10年国広総合法律事務所パートナー，10年プロアクト法律事務所開設，上場会社の社外役員や第三者調査委員会の委員を歴任，23年12月に日本経済新聞社が発表した「企業法務・弁護士調査」の「危機管理・不正対応分野」で総合ランキング第5位に選出。

田中 伸英（たなか　のぶひで）
弁護士，公認不正検査士
2006年早稲田大学法学部卒，09年北海道大学法科大学院卒，10年弁護士登録（第63期），10〜16年服部昌明法律事務所勤務，16年8月〜19年11月Assegaf Hamzah Partners（インドネシア）で勤務，19年プロアクト法律事務所入所。愛知県インドネシアサポートデスクの担当弁護士。

前村 浩介（まえむら　こうすけ）
公認会計士，公認不正検査士
関西大学商学部卒。2011年太陽ASG有限責任監査法人（現太陽有限責任監査法人）入所。15〜19年Grant Thorntonインドネシアに駐在。21年太陽グラントソントン・アドバイザーズ株式会社フォレンジック＆サイバー部門に転籍。愛知県インドネシアサポートデスクの担当会計士。

中村 和裕（なかむら　かずひろ）
公認内部監査人，公認リスク管理監査人
東京外国語大学外国語学部卒，東京大学公共政策大学院修了。大手全国紙の記者として司法・行政・企業の取材に従事。外資系リスクコンサルティングファームを経て，太陽グラントソントン・アドバイザーズ株式会社に参画。ビジネス・リスク・サービス部門にて，グループガバナンス・海外子会社管理やリスク管理のコンサルティング，ESG監査を含む内部監査支援に従事。

■著者

●プロアクト法律事務所
〒105−0001
東京都港区虎ノ門5−12−13
ザイマックス神谷町ビル7階
電　話　03（5733）0133
ＦＡＸ　03（5733）0132
http://proactlaw.jp

池永　朝昭（いけなが　ともあき）

弁護士，公認不正検査士，ニューヨーク州弁護士

1977年早稲田大学法学部卒，88年コーネル・ロー・スクール（LL.M.）卒業。81年弁護士登録（第33期），81〜87年国内法律事務所勤務，89〜98年まで複数の米国大法律事務所のパートナーを経て98年〜2006年JPモルガン・チェース銀行（旧チェース・マンハッタン銀行）東京支店およびJPモルガン証券株式会社法務部長，ドイツ銀行グループ・ジャパン・ジェネラル・カウンセルおよびドイツ証券株式会社執行役員を歴任。06〜21年アンダーソン・毛利・友常法律事務所パートナー，21年プロアクト法律事務所入所。株式会社オートバックスセブン社外監査役，東京都目黒区包括外部監査人，金融審議会専門委員，日本組織内弁護士協会理事，ムーディーズジャパン株式会社独立監督委員などを歴任。現在，日本投資者保護基金運営審議会委員，日本資金決済業協会理事，マッコーリーアセットマネジメント株式会社監査役。07年日本経済新聞の「2007年に活躍した弁護士ランキング」企業法務部門10位に，02〜23年Best LawyersのBanking & Finance, Corporate & M&A, Corporate Governance & ComplianceおよびFinancial Institution & Regulatory Lawの4部門に，18〜23年IFLR1000のFinancial & Corporate部門Leading Lawyerにそれぞれ選出される。

渡邉　宙志（わたなべ　たかし）

弁護士，公認不正検査士，公認内部監査人

1995年慶應義塾大学法学部法律学科卒，2004年弁護士登録（第57期），08〜14年吉本興業株式会社執行役員法務本部長として勤務，15年プロアクト法律事務所入所。

徳山　佳祐（とくやま　けいすけ）

弁護士，公認不正検査士

2006年関西大学法学部法律学科卒，08年明治大学法科大学院卒，09年弁護士登録（第62期），10〜21年明治安田生命保険相互会社（法務部・人事部）に勤務（企業内弁護士・主席法務役），15〜16年カーディフ大学ロースクール（LL.M.）卒（AMI/CFT, EU競争法等を専攻），21年プロアクト法律事務所入所。22年ISO30414リードコンサルタント／アセッサー認証，23年第一東京弁護士会民事介入暴力対策委員会　副委員長。

岩渕　恵理（いわぶち　えり）

弁護士，公認不正検査士

2012年中央大学法学部卒，14年中央大学大学院法務研究科修了，16年弁護士登録（第68期），16〜19年三井住友信託銀行株式会社証券代行コンサルティング部勤務，19年プロアクト法律事務所入所。複数の会社で社外役員を務める。

神田　詠守（かんだ　えいしゅ）

弁護士，公認不正検査士

2013年同志社大学法学部法律学科卒，16年神戸大学大学院法学研究科実務法律専攻卒，17年弁護士登録（第70期），18〜19年弁護士法人GVA法律事務所勤務，19〜22年UiPath株式会社法務・コンプライアンス本部勤務，23年プロアクト法律事務所入所。

中島　永祥（なかじま　えいしょう）

弁護士

2018年中央大学法学部卒，20年慶應義塾大学大学院法務研究科法曹養成専攻卒，22年弁護士登録（第74期），22〜23年東啓綜合法律事務所勤務，24年プロアクト法律事務所入所。

●太陽グラントソントン・アドバイザーズ株式会社

〒107-0051

東京都港区元赤坂1−2−7

赤坂Kタワー18階

電話　03（6434）0729

FAX　03（5785）4132

https://www.grantthornton.jp/aboutus/advisors/

垂水　敬（たるみ　たかし）

公認会計士，公認不正検査士

慶應義塾大学経済学部卒。2000年監査法人トーマツ（現有限責任監査法人トーマツ）入所。05年デロイト トーマツ ファイナンシャルアドバイザリー株式会社（現デロイト トーマツ ファイナンシャルアドバイザリー合同会社）に異動。22年太陽グラントソントン・アドバイザーズ株式会社フォレンジック＆サイバー部門に入社。

竹村　光広（たけむら　みつひろ）

公認会計士，サステナビリティ情報審査人

慶應義塾大学商学部卒。一橋大学大学院法学研究科修士課程修了。大手会計事務所のパートナーとして数多くの多国籍企業に対して会計および税務サービスを提供した経験を有する。豪州および英国に駐在経験あり。2012年〜18年IFRS財団アジア・オセアニアオフィス所長。19年〜22年日本公認会計士協会理事。22年より太陽グラントソントン・アドバイザーズ株式会社にてIFRSおよびサステナビリティ情報開示のアドバイザリー業務を担当。

芝　啓真（しば　ひろまさ）

公認不正検査士，EnCE

静岡大学理工学研究科卒。システムインテグレーターのセキュリティ部門においてデジタル・フォレンジックツールの販売を担当，その後eDiscoveryサービス会社，大手監査法人などを経て2022年から太陽グラントソントン・アドバイザーズ株式会社フォレンジック＆サイバー部門に所属しデジタル・フォレンジックを担当。

図解　不祥事のグローバル対応がわかる本

2024年5月25日　第1版第1刷発行

編　者　　竹内　朗
　　　　　田中伸英
　　　　　前村浩介
　　　　　中村和裕

著　者　　池永朝昭
　　　　　渡邉宙志
　　　　　徳山佳祐
　　　　　岩渕恵理
　　　　　神田詠守
　　　　　中島永祥
　　　　　垂水光敬
　　　　　竹村啓広
　　　　　芝　　真

発行者　　山本　継

発行所　　㈱中央経済社

発売元　　㈱中央経済グループ
　　　　　パブリッシング

〒101-0051　東京都千代田区神田神保町1-35
電　話　03 (3293) 3371 (編集代表)
　　　　03 (3293) 3381 (営業代表)
https://www.chuokeizai.co.jp
印刷／㈱堀内印刷所
製本／㈲井上製本所

©2024
Printed in Japan

＊頁の「欠落」や「順序違い」などがありましたらお取り替えいた
しますので発売元までご送付ください。(送料小社負担)
ISBN 978-4-502-49991-3　C3032